中华武术典籍珍藏

「十四五」国家重点出版物出版规划项目
国家古籍工作规划项目
国家古籍整理出版专项经费资助项目

中国武术研究院院藏清抄本校释

陆

第六卷

国家体育总局武术研究院 编写
中国武术协会 审定

北京体育大学出版社

丛书策划编辑：孙宇辉　钱春华
丛书责任编辑：吴　珂
本卷责任编辑：井亚琼
本卷责任校对：刘艺璇
封 面 设 计：王齐云
版 式 设 计：北京华泰联合图文设计制作中心

图书在版编目（CIP）数据

中国武术研究院院藏清抄本校释．第六卷，《洪洞通臂拳谱》《齐天大圣七十二势拳谱》《岳家打诀》/ 国家体育总局武术研究院编写．-- 北京：北京体育大学出版社，2024. 5. --（中华武术典籍珍藏）. -- ISBN 978-7-5644-4124-1

Ⅰ. G852

中国国家版本馆 CIP 数据核字第 2024U3K568 号

中国武术研究院院藏清抄本校释　第六卷

ZHONGGUO WUSHU YANJIUYUAN YUANCANG QINGCHAOBEN JIAOSHI DI-LIUJUAN

国家体育总局武术研究院　编写

出版发行：北京体育大学出版社
地　　址：北京市海淀区农大南路 1 号院 2 号楼 2 层办公 B-212
邮　　编：100084
网　　址：http：//cbs.bsu.edu.cn
发 行 部：010-62989320
邮 购 部：北京体育大学出版社读者服务部 010-62989432
印　　刷：北京瑞禾彩色印刷有限公司
开　　本：880mm × 1230mm　　1/32
成品尺寸：143mm × 210mm
印　　张：10.5
字　　数：225 千字
版　　次：2024 年 5 月第 1 版
印　　次：2024 年 5 月第 1 次印刷
本册定价：110.00 元
丛书定价：998.00 元

中华武术典籍珍藏·中国武术研究院院藏清抄本校释编委会

第一卷

执行主编：耿　彬

编　　委：李远伟　杨红光　杨　强

第二卷

执行主编：杨红光

编　　委：李远伟　杨　强　耿　彬

第三卷

执行主编：李远伟

编　　委：杨红光　杨　强　耿　彬

第四卷

执行主编：杨　强

编　　委：李远伟　杨红光　耿　彬

第五卷

执行主编：杨红光

编　　委：李远伟　杨　强　耿　彬

第六卷

执行主编：杨　强

编　　委：李远伟　杨红光　耿　彬

第七卷

执行主编：耿　彬

编　　委：李远伟　杨红光　杨　强

第八卷

执行主编：李远伟

编　　委：杨红光　杨　强　耿　彬

前言

武术，作为中华优秀传统文化的重要组成部分，是中华民族的智慧结晶，承载着中华民族的精神追求。自古以来，武术不仅是一种强身健体、自卫防身的技艺，更是一种修身养性、弘扬民族精神的文化载体。

习近平总书记在二〇二三年六月二日文化传承发展座谈会上的讲话中说道：『文化关乎国本、国运。只有立足波澜壮阔的中华五千多年文明史，才能真正理解中国道路的历史必然、文化内涵与独特优势』。中华民族的文化自信是建立在五千多年不间断文明传承基础上的。在推进中国式现代化建设的征程上，我们要找准中华文化的根和魂，坚定中国特色社会主义道路自信、理论自信、制度自信、文化自信。

一九八三年至一九八六年，国家体育运动委员会武术挖掘整理领导小组统一部署，各级体育运动委员会武术挖掘整理工作小组积极参与，全国八千余名专职武术工作者和业余爱好者被动员起来，开展了我国武术发展史上空前的『普查武术家底，抢救武术文化遗产』工作。经过三年努力，为收集保存武术文物、史料而开展的『献拳经拳谱、献兵械实物、献功法技艺』的『三献』活动，收集了一批文献资料、古兵器和其他实物，丰富了武术文物资料库。

拳谱典籍，作为中华文明历史长河中的珍贵文献，记录了武术的原始形态与发展脉络，它们是武术传承的见证，更是领略与参详古代武术文化思想和技艺传承的宝贵资料。然而，由于时代的变迁和语言的演变，这些拳谱对现代人来说，往往难以直接阅读和理解。因此，在新时代对这些抄本进行校释，不仅是对优秀传统文化的尊重，也是对武术发展的贡献。

本次校释工作，由国家体育总局武术研究院发起组织，精选出三十四份三十一种清代拳械技理抄本，委托郑州大学体育学院（现为河南体育学院）的多位武术学者和专家共同完成，北京体育大学出版社作为出版方协助编辑出版。他们秉持严谨求实的态度，历经长期艰苦的工作，对原稿进行了细致的校勘与注释，使这些珍贵的历史文献得以更加清晰、准确地呈现在读者面前。希望这些努力能够让更多的人了解武术的精髓，感受武术的魅力。

中华武术典籍珍藏·中国武术研究院院藏清抄本校释的顺利出版得益于二〇二三年度国家古籍整理出版专项经费的资助，这是武术类古籍编辑出版首次被该项目立项支持，体现了国家对于优秀传统文化的重视与扶持。同时，本丛书被列为『十四五』国家重点出版物出版规划项目，以及二〇二一年至二〇三五年国家古籍工作规划重点出版项目。

本丛书的出版，不仅为武术理论研究提供了『考镜源流』的史料支撑，也意味着一批清代武术珍本首次面世，对传承武术技艺、弘扬传统武术文化具有深远的影响。同时我们也要看到，对武术源流与发展的探究是一个既复杂又漫长的系统工程，武术古籍点校出版与后续的研究工作，仍然任重而道远，必须继续推进、不断深化。

武术的传承发展与中华民族的伟大复兴息息相关，从戚继光『抵御外侮』的壮志豪情，到中央国术馆『御侮图存』的精神追求，再到新时代基于文化自信的传统武术振兴实践，中华武术无疑是中国人自强不屈精神的生动体现与巩固中华文化主体性的坚强堡垒。我们愿与社会各界一起，深入探源在中华文明波澜壮阔发展历程中与之相伴相生的武术发展脉络，把武术历史研究引向深入。

饮水思源，不忘本初。本丛书的出版，离不开国家体育总局武术研究院历任领导的关心与关怀，他们的远见卓识和坚定支持，为丛书的编辑和出版奠定了坚实的基础。同时，也离不开众多国内外武术学者和专家的无私指导与贡献，在此不逐一列举。我们特别要向四十年前那些在武术挖掘整理工作中慷慨捐赠武术典籍的人士致以最诚挚的敬意和衷心的感谢。正是他们的无私奉献和慷慨支持，极大地丰富了武术历史研究的资料宝库，为武术文化的传承注入了不朽的精神。

总之，中华武术典籍珍藏·中国武术研究院院藏清抄本校释的出版，既是对武术文献典籍的系统梳理，也是对中华文化主体性在武术领域的深刻阐释，更是对传统武术文化的礼敬。愿本丛书的问世能够激发更多人对武术历史的兴趣与热爱，吸引更多人来保护、研究和传承这份珍贵的文化遗产。

古籍文献的整理不可能一蹴而就，本丛书必定会存在一些不足，希望读者批评指正。

国家体育总局武术研究院

二〇二四年六月

编者的话

历史是过去发生过的事情，已经一去不复返。人们既无法使历史重演，也无法回到逝去的年代，身临其境地去感受和体验当时的场景。因此，人们想了解和研究自己的过去，只能借助前人留下的各种『痕迹』。正是凭借这些『痕迹』，后人才可以追溯祖先的足迹，认识人类社会的各个发展阶段，进而探讨其历史发展的规律。前人留下的历史痕迹形式多样，除了传承下来的生活方式、手工技艺、实物遗存以及思想观念等外，还有大量的文献典籍。以文字符号为特征的文献传播，是一场巨大的社会进步，有力地推动了人类知识的积累与传承。中华典籍源远流长，浩如烟海。它们记录了中华文明的发展历程，也是中华文化的重要载体与组成部分！

武术是由华夏文明长期氤氲滋养而发展起来的传统人体活动方式，折射着漫长岁月里武林先辈的智慧和中华优秀传统文化的基本精神。多少年来，中华武术的价值取向、人文精神和活动样式，引起无数习武者『衣带渐宽终不悔』的折腰苦求，从而积淀了博大精深的文化载量和一以贯之的文化命脉，成为实现中华民族伟大复兴的重要基础。在蜿蜒的历史长河中，先辈们在为后人传承各种拳械技艺的同时，还留下了一批弥足珍贵的武术典籍。林林总总的武术典籍，有的辑录于各类官私文乘，也有的独立成册；有的付梓刊印，也有的传抄存世。但漫长的岁月荡涤与时代更迭，造成了大量武术图籍的流失和散佚。历史上，如汉书·艺文志中记录的剑道三十八篇和手搏六篇，南北朝时的马槊谱，以及明人汪伯言编撰的白打要诀六卷等，均已湮没在历史的尘埃中。宋人周密曾在齐东野语卷十二中有言曰：『世间凡物未有聚而不散者，而书为甚。』由于天灾、战乱以及人为毁坏等多种原因，历史长河里流传至今的武术文献可谓吉光片羽，为数不多，我们可于此窥得前代中华武术的技艺踪影，领略中华武术曾经的文化风采，所以武术文献典籍具有很高的学术价值。

二十世纪七十年代末，当时的国家体育运动委员会（以下简称『国家体委』）下发了一个有关武术挖掘整理工作的文件，并在稍后的一九八二年全国武术工作会议上，明确提出『做好武术挖掘整理工作』，随后成立专门机构，制定了至一九八五年底的武术挖掘整理工作计划。当时全国共有二十八个省、自治区和直辖市先后成立了武术挖掘整理工作小组〔一〕。历经三年，国家体委武术挖掘整理工作组共收到捐献的文献资料四百八十多本，古代兵器近四百件，相关实物三十余件，以及约四百小时的技术录像，充分反映出当时各界人士对于这次国家层面的武术挖掘整理工作的支持。针对其中捐献的文献资料，一九八六年时任国家体委武术研究院院长的徐才先生在全国武术挖掘整理工作总结表彰会上明确表示，要把这批文献资料收藏好、利用好，今后的工作重点是整理、研究，准备制订科研计划，以此提高武术研究水平，他还特别强调，『不能把这些宝贵资料放在柜子里尘封起来，要通过整理、

〔一〕徐才：徐才武术文集，人民体育出版社，一九九五，第二四页。

研究发表出来。』〔一〕

应该说，武术界广大人士在为这三年武术挖掘整理工作取得的成果感到高兴的同时，更为当时国家体委武术研究院领导提出的利用好这批武术文献资料的设想而深受鼓舞。因为，如果说农耕社会中传统武术的发展主要靠一种原发型的实践积累，那么进入近代社会后，其发展方式就要求转变为在理论观照下的主动推进。记得一九八六年四月，时任国家体委主任李梦华先生曾说过这样一段富有见地的话：『我国目前开展着四五十个体育项目的活动，其中包括武术。可以这样统计体育项目的数字，但这并不标志着武术位置是四十分之一或五十分之一。可不可以说它在体育中应占一半的位置。』〔二〕无疑，李梦华先生所谓的『一半』，当是指武术特有的历史文化。武术之所以不同于田径、体操、球类等运动项目而能单独成为一门具有自己的研究范畴和自成畛域的学术领域，也就在于它自身特有的历史人文背景。令人遗憾的是，长期以来的文献资料的匮乏以及相关研究的不足，已成为严重阻遏包括历史、文化在内的整个武术人文社会学科研究纵深发展的一个瓶颈，如不加以克服，显然不利于中华武术在新的历史条件下的发展；如长此以往，拥有『统之有宗，会之有元』的中华武术文化根脉就会逐渐发生动摇，中华武术的精神家园就会因此委顿！

众所周知，从事以历史学为基础的人文社会学科研究，文献史料是关键。对此，梁启超在中国历

〔一〕徐才：徐才武术文集，人民体育出版社，一九九五，第六一至六六页。

〔二〕徐才：徐才武术文集，人民体育出版社，一九九五，第九一页。

史研究法一书中曾有一个形象的比喻，他说，治玄学者与治神学者无须资料，不必以客观公认的事实为依据，而治科学者，无论是自然科学还是社会科学，『罔不恃客观所能得之资料以为其研究对象』，各学科也莫不将史料建设作为理论研究的首要任务。

近代以降，民国时期著名武术史学者唐豪编撰出版了他『殆费十余载』搜寻考订的中国武艺图籍考，该书对一些古代武术文献条分缕析，可谓是我国武术文献整理与研究的开山之作；国家体委于二十世纪五十年代，组织人力整理出版的七册中国体育史参考资料中也有部分关于武术史料方面的内容。但自此以后，武术典籍在相当长的时间里一直没有得到应有的重视，几乎成为一个武术界少有人问津、文史界又无人涉足的学术盲区。直至二十世纪八十年代中期，随着武术理论研究的展开，有关武术文献典籍的整理才引起一些学者的关注。如有人点校了戚继光的纪效新书（一九八八年），有人出版了正宗少林拳经（一九八八年）及增订手臂录（一九八九年），还有人整理、注释了太极拳谱（一九九一年）等。十多年中，武术文献典籍的出版数量有所增加，如山西科技出版社与北京科技出版社陆续出版了多种类型的武学丛书，如『老拳谱辑集丛书』『古拳谱丛书』『国术丛书』等，人民体育出版社出版了中国古典武学秘籍录（二〇〇六年）和易筋经四珍本校释（二〇一一年）等。尤其是二〇〇八年至二〇二四年间，由中国书店影印出版的民国国术期刊文献集成和百册之巨的中国武术大典，由台湾逸文武术文化有限公司影印出版的清代易筋经珍本汇辑和齐鲁书社出版的中国古代武艺珍本丛编（上、下辑）及明清武术典籍珍本辑释，二〇二四年初由北京体育大学出版社出版的民国武术文献选刊等，最为引人注目。应该说，这些武术文献的刊印对于武术文献的整理乃至相关研究所起到的作用，是不言而喻的，它们为武术学科的发展注入了新的活力。尽管以上诸书大多为文献汇集，系统整理者少，深入研究者更少，有些文本的校释还存在这样那样的不足，但任何学术领域的形成、成熟总有一个过程。值得肯定的是，武术文献的整理、研究在摆脱了长年的沉寂后终于有了启动。

对于现藏于国家体育总局武术研究院的四百多份本文，在二十世纪八九十年代，因研究之需，本人曾有机会阅览过两次。这批文本品相不一，按其形式分为刊印本与抄本两种，其年代横跨古代（清代）、近代（民国时期）和现代（一九五〇年后）三个时期。而其内容更为驳杂，其中大部分为记述各类拳械技法技理的拳谱图籍，也有早些时候各地出版的武术刊物，另有一些医治跌打损伤类的药方集，还有旨在强身的导引功法类汇辑，其中甚至夹杂数本诸如西洋拳术及空手道之秘诀等非武术类图籍。

文献典籍是中华文化的重要载体，它记录了中华民族的辉煌历程，并延续着中华民族的精神和文化血脉。然而，前代文献的种种价值，只有通过整理、阐释与研究才能得以体现，这是对『存储于原载体材料上的内容进行一次再转移与再迁徙』〔一〕，本身也是一个文本经典化的过程。对于国家体育总局武术研究院现藏的这批文献，也当作如是观。为此，本人曾以口头及书面形式，多次向国家体育总局武术研究院主管领导建议：尽快遴选有关专家来整理、注释这批文献，使其发挥应有的价值作用。经国家体育总局武术研究院领导认真研究，同意了本人的建议，决定点校四百多份文本中的抄本部分，

〔一〕耿相新：中原文献整理史稿·序二，载王钢中原文献整理史稿，中州古籍出版社，『序二』第三页。

并召集了包括本人在内的来自有关高校的一共六位专家，汇聚武术研究院，经过查阅、讨论，剔除十八份破损严重、字迹不清或无甚价值者，最后确定将甄选出的一百一十三份抄本纳入点校范围，同时委托北京体育大学出版社出版。两年后，除少数文本外，点校工作初步告一段落，国家体育总局武术研究院为此在河南登封嵩山少林寺武僧团培训基地召开了点校工作会议。

时光荏苒，数年后国家体育总局武术研究院有关负责人与我联系，希望能在之前选出的一百一十三份抄本的基础上精选出更具价值的文本，争取尽早完成点校工作，交付出版。接到任务后，我斟酌再三，确定重点点校一百一十三份抄本中的三十四份三十一种清抄本〔一〕，并题名曰『中国武术研究院院藏清抄本校释』。点校文本与点校方案经国家体育总局武术研究院领导同意后，即与郑州大学体育学院有关方面洽谈。之所以选择郑州大学体育学院来承担此项工作，是因为我五年来带领的该校课题组，刚顺利地完成了国家社科基金项目『明清少林武术古籍珍本的整理与研究』。〔二〕由这样一个较为成熟的学术团队来承担这项点校工作，质量上应该是有保证的。

在郑州大学体育学院领导的大力支持和全体团队成员的不懈努力下，中国武术研究院院藏清抄本

〔一〕三十四份清抄本，绝大多数留有年代信息，有的则由当时捐献地的相关部门出具证明，也有些无时间记录，而是依据抄本中图文风格判定，如少林拳棒枪刀谱、文武修等。

〔二〕这批明清少林武术古籍珍本，被齐鲁书社以『明清武术典籍珍本辑释』之名申报并成功入选二〇二二年度国家出版基金项目。该书于同年九月正式出版，并在二〇二三年五月荣获全国古籍出版社百佳图书（二〇二二年度）二等奖（该奖前身为『全国优秀古籍图书奖』），这也是武术学界在古籍整理出版方面的首次获奖。

校释历经十个多月时间，终于如期完成了。在讲好中国故事、弘扬民族文化、实现中华民族伟大复兴的今天，中国武术研究院院藏清抄本校释的付梓出版，当然有其多方面的社会意义。

首先，有清一代是武术发展史上的重要时期，也是古代各种武术著述蜂出并作的年代。通过对这批武术抄本的整理、注释，可以从一个方面梳理清代武术历史文化的基本概况，从而为今天的武术理论研究提供『考镜源流』的史料支撑。

其次，对于这批清代武术抄本的整理、注释，可以使中华武术的非物质文化遗产保护究竟应该『保护什么』更为清晰。同时，按照我国法律规定，武术文献本身也是中华武术非物质文化遗产保护的重要组成部分。因为『将古籍的保护纳入到非物质文化遗产的保护中非常重要，这将会形成一个完整的非物质文化遗产保护观』〔一〕，有利于非物质文化遗产项目的整体保护。

再次，这批清代武术抄本均为首次面世的珍本、孤本，具有很高的文献价值。这一方面极大地丰富了武术文献体系，对武术文献学的建立具有重要学术意义；另一方面，对相近的历史学、文化学、民俗学等研究，也有其自身的学术价值。

最后，按文献学要求对这批清代武术抄本进行整理、注释，其规模之大、内容之繁，在当代武术学术史上尚属首例。这既是对古代武术文献校释范式及学术路径的有益探索，同时也为推动武术文献学发展和繁荣我国武术理论研究起到积极作用。

〔一〕方李莉：应将古籍纳入『非遗』保护，中华读书报二〇一一年八月三十一日。

值得说明的是，在对这批清代武术抄本的校释过程中，发现有四个需要注意的地方，这恐怕也是不少清代武术抄本的共性问题：一是与传统的经、史、子、集图籍相比，这批武术抄本绝大部分无论是其版式还是绘图、书写，都显得较为粗陋，加上某些字体书写不规范，有些又过于潦草，故辨认较难；二是由于武术技艺是种动态文化，故抄本中记录的有些拳理技法今天可能已发生较大变化，有的甚至已失传，另外，文中夹杂的一些方言俚语及隐喻等，也较难理解；三是有些抄本中开列的药方，因条件所限，目前尚难甄别；四是由于在长年的流传中，一些抄本页码错乱的现象较为严重，需要参照其他相关文献加以校勘厘定。

『钩沉稽古，发微抉隐』的武术文献整理、研究是一项需要『坐冷板凳』的工作，这在武术界尚属起步阶段。所以，尽管课题组成员对此三十四份三十一种清代武术抄本本着打造『学术精品』的责任心反复核查、审阅，但必然存在一些舛误错谬之处及不尽如人意的地方，祈盼读者不吝教正，以共同推动我国武术文献学科及武术理论研究的不断成熟和进步！

周伟良

二〇二四年六月记于杭州寓所

校释凡例

一、本书整理、注释的中国武术研究院院藏清代武术抄本，均为首次面世的珍本、孤本，方法上难以用对校法进行互校，故而有的采用内容相同或相近的文本进行他校，也有的依据文中前后语义抉摘其异同；而对文中所著录的相关典籍资料，则采用原书进行核校。

二、所校释的每种文献都有一篇提要，简述有关该文本的版本特点、编撰（抄录）者基本情况及内容梗概等。

三、校释中所引用的符号：

（一）凡［ ］中的内容，为校勘出的脱文。

（二）凡（ ）中的内容，为对校勘出误文的修改。

（三）凡〈 〉中的内容，为校勘出的衍文。

（四）凡【 】中的内容，为原文本中的小字或注释。

（五）原文中所缺佚的文字，一律用□标出。

（六）如校释中文义相通而文字有异者，依原文本；如两文本文义相异，则在注释里予以说明。

（七）文本中的俗字、异体字，一律按今通用字，视情况酌情注明。

（八）对于文中难以辨识的字，则按原字剪贴注明。

四、对于一些抄本中的页码错乱现象，则按其前后内容及参考有关文献图籍予以厘定纠正。

五、本书在校释过程中所引用的今人研究成果，均注明其出处，以备查考；对于一般性古籍文献，为节省篇幅，仅注明年代、作者及文献名。

目录

洪洞通臂拳谱

提要

洪洞通臂拳谱，一册，彩绘抄本，无版框，有缺页、错页，行草字体，无具体抄录年代和抄录者信息。然据其图示，此谱应为清晚期所抄，不少地方有后人补记内容。因岁月的侵蚀，文本已有破损，一些地方字迹不清，加上错页、俗字、异体字等，影响了对文本的阅读。此谱于二十世纪八十年代被捐出，无捐献地与捐献者姓名，现藏于中国武术研究院，院藏编号为G852.17-2。

依谱中所记，拳法彩绘插图当有一百零八幅，然缺少十五、二十七、二十八、三十三、三十四、三十五、三十六、五十七、五十八、七十九、八十、九十三、九十四、九十九、一百共十五幅图示；另外，此谱前后有四幅墨色插图（分别为『七十六下四平』『七十七秦王拔剑』『一百八自转身两拳护膝当场按下满天星谁敢』『五十朝天蹬五起』）与文中彩色插图重复。开始的招式有名有图，但无文字详解。文末的歌诀分为拳法和器械两类，拳法歌诀有外通背叙、六六三十六跌、三十七让跌、霸王拳歌、打法歌、短打门头、通背、拳经总歌、十八势、十三势、二十四势、通背短打一百单八着等，器械类歌诀有秦琼锏歌、方天戟、行者棒、通背双刀歌、春秋刀十路、花刀六路等。

谱中的拳经总歌在内容上与陈式太极拳的拳经总歌大致相同，另有通背、通背短打一百单八着等拳法歌诀，为今人研究太极拳、通臂拳二者关系提供了宝贵资料。

洪洞通臂拳谱影印

下四平人

下四平

七十六

秦王拔劍

七十七

懶扎衣立勢高强段

一

丟下腿出步單陽

二

七星拳手足相顧

三

探馬勢太祖高傳

四

第五當頭勢力衝人怕

五

第六勢

中單鞭誰敢當先

騎虎勢那移發脚

六

拗步勢手足和便

七

孝桃勢
如牌挨進

八

九

拋架子顧當休延

孤身炮

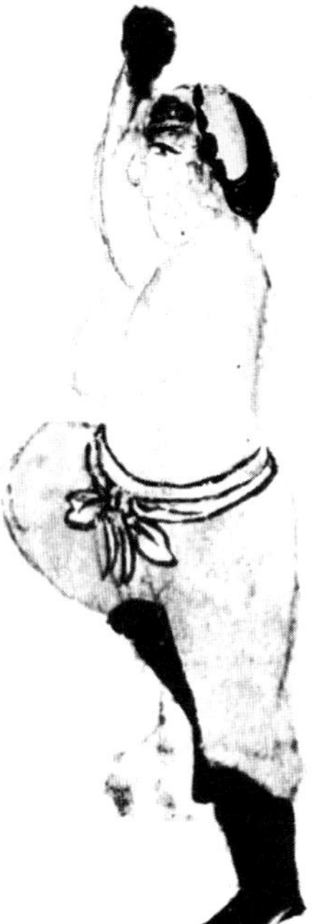

十

十一

翻花舞袖

拗鸞肘

十二

十三

左右紅拳

玉女穿梭倒騎龍

十四

十六

連珠炮猛將雄兵

二二

猿猴看菓誰敢偷

鉄攬將軍也要走

十七

十八

高四平

仍封脚奪子

十九

二十

小紅拳大焰攢心

展手炮打一個鳳鳥藏肘

二十一

二十二

窩裡炮

打一個井欄直入

二十三

二十四

直入

庇身拳轉身吊打

二十五

二十六

指當

朝陽起鼓

第廿七圖前鏈踢膝

欠係前鏈

欠係第二十八圖金雞獨立

二十九

三十

護身拳

專降快腿

三十一

三十二

点肘势逼退英雄

朝陽手

三十七

三十八

便身防腿

一条鞭打進不忙

三十九

懸脚勢誘彼輕進

四十

騎馬勢衝來教當

四十一

一霎步往裡就揉

四十二

抹眉紅盖世無双下海擒龍

四十四

上山伏虎

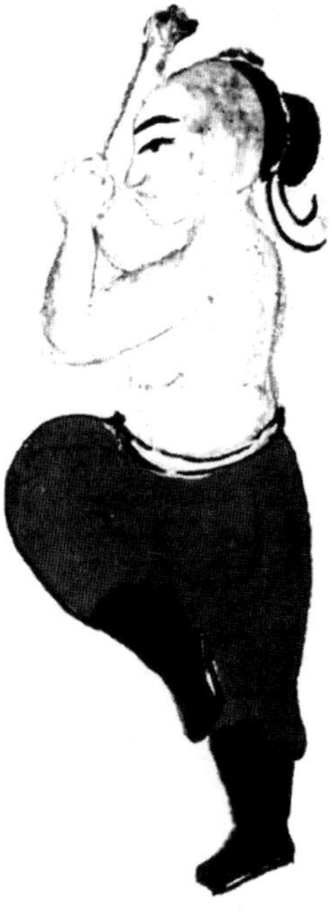

野馬分鬃張飛擂鼓

四十五

四十六

雁翅勢穿庄腿

劈来脚

四十七

入腿聯心

四十八

雀地龍按

四十九

朝天蹬五起

五十

次の十九圖、
着地龍接下
次五十圖、
朝天鐙立起

鷄子解胸

五十一

五十二

黑虎攔路

五十三

五十四

胡僧托鉢

又第五十三圖 黑虎攔路
又第五十四圖 胡僧托鉢

後五十四勢續 猴、燕子啗泥

五十五

二龍戲珠
五十六

穴五十七图 穿透神楼
穴五十八图 丘椆手

左搬右掌

五十九

六十

鬼蹴脚補前掃後

霸王舉鼎

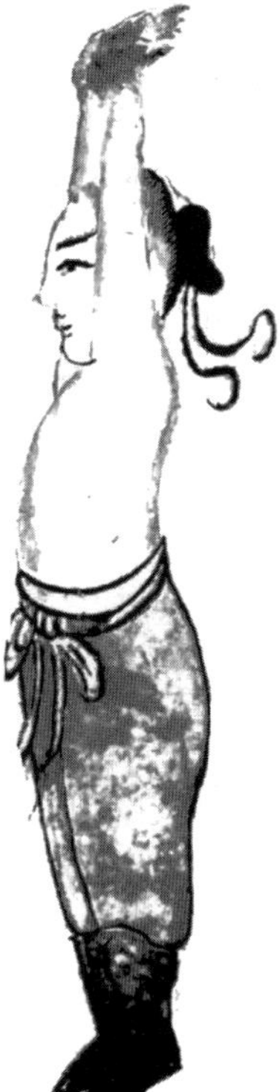

六十一

六十二

韓信埋伏

右山

六十三

六十四

左山

前衝後衝

六十五

六十六

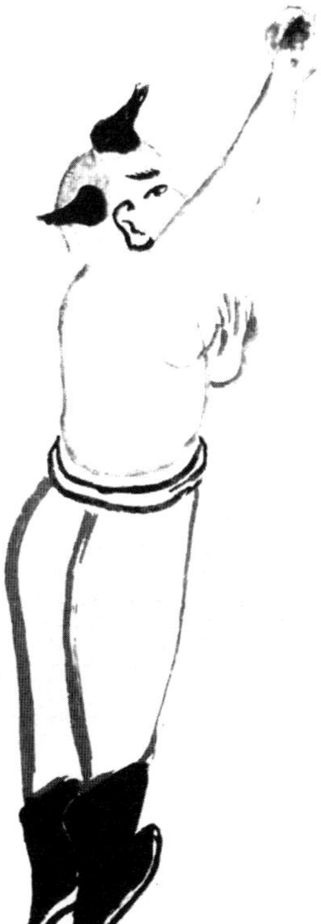

覌音献掌

童子拜佛

六十七

六十八

翻身過海

回回指路

六十九

敬德跳澗

七十

單鞭救主

七十一

青龍舞爪

七十二

餓馬提鈴

七十三

七十四

探馬勢太祖高傳

六封迴避

只七十四圖六通の避

第七十五圖金剛搗碓

金剛搗碓

當頭炮

七十五

七十六

下四平　崇孝打虎

秦王拔劍
七十七

崇孝打虎
七十八

第七十九圖鍾馗伏劍
第八十圖佛頂珠

反堂座望門攢

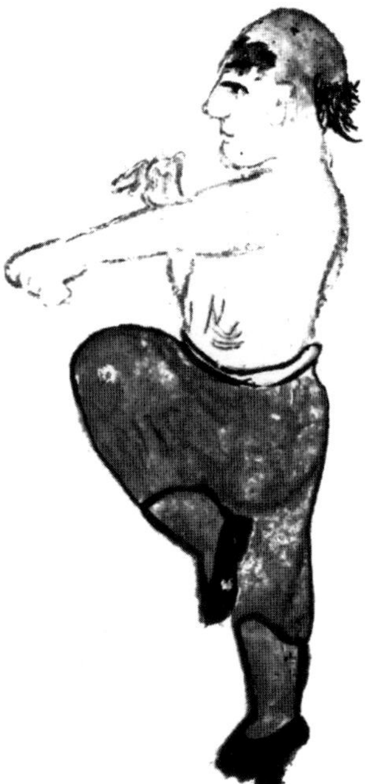

八十一

八十二

下壓勢上一步封辟

推山二掌

八十三

八十四

羅漢降龍

右轉紅拳左轉紅拳右騎馬

八十五

八十六

左搭袖右搭袖

回頭摟膝拗步捶十掌

八十七

八十六

轉身三請客

捲手紅拳三架梁

八十九

九十

單鳳朝陽

回頭高四平，金雞晒膀

九十一

下步手背拖鞭
九十二

只九十三圖左搭眉右搭眉

只九十の圖天王降妖

蒼龍擺尾

上一步鉄翻杆

九十五

九十六

双帕仙人摘乳

下一步子胥拖鞭

苍龍擺尾

回頭一炮拗鳶肘

九十七

九十八

躲子紅二仙人捧盤

穴九八

雙拐手仙人摘乳

一百一

夜义深海

一百二

劉海捕蟬

一百三
列女捧金盒

一百四

直符送書

急回頭貂遠看爪
欠一百〇五回頭內道背窩炮
欠一百〇六圖掠手扛拳回頭手
欠一百〇七圖上一步貂遠看爪往前去撕子
欠一百〇八圖只轉兩拳護膝當場按下

托天叉

上一步鉄翻杆

一百〇八

自轉身兩拳護膝當場按下滿天星
誰敢

自轉身兩拳護膝当場

按下滿天星誰敢

一百八

外通背叙

擄膝一拳推到收回處可誇打下顧上最無佳偷脚一腿

踢殺回看肘並看花誰敵當吾打提豆下上步蛟龍出水後一

打返上情左急三鏈前往後掤大開弓射虎誰不怕收回來馬

斬學上拯又帶红纱急回按下满

由與吾並比

六六三十六跌

籐手一元二叹三摺四靠五撒

一卧二靠三坐四撒五掛六鱼

一捺二拿三肘四拍五按六

一搶二拜三射四捺五　六叹裡摺手

一悲二靠三探四滕五按六封外摺手

一按二難三悲四靠五掃六捺

三十七讓跌

根子蹶腿双鳳貫耳根子抓淡跌摆手按耳跌抓面跌双架圜跌破摆手抓面跌外面按跄掃脚跌死蛇褡他跌千金墜跌抓褲腰跌摟下退跌捺頭髮跌顧子跌搽手搭肚跌十字跌貼身靠跌小坐〻跌夜叉探海金五花〻去

秦瓊鐧歌

左右稱花左右挽袖左右霸王舉鼎門騰鐧勢蘇背鐧白鵞展翅仙人指路魁星勢瓦面鐧封蓋平心一声雷兩鐧相並跨虎勢左足一上虎抱頭

霸王拳歌

霸王云勢在烏江紅門射雁等漢王韓信勒馬左边站〻龍赴会左边藏〻閃盃賢尋曾接衆刘玄德宮廚藏身在石秀拳打猛虎薛仁貴定国安邦華閃鐧飛身上馬保三娘

罵秉田庄拳打周公出世脚踢呂布地名揚

方天戟

夜叉探海全五花上去中平戟呂布倒托方天戟回頭嗽上平戟
卸下來珍珠倒捲簾點腿擄一戟上步托一戟黃龍點杆打一鑽
回頭按下伏蛇戟挫一戟打一鑽轉身勾腿一戟挫一戟回頭半
個五花亮一戟

行者棒

鐵背猿猴吾姓孫花果山前逞威能猛虎翻身只棒底水神鎗使
的熊趕上就使中平鎗鳳凰展翅棒隨身沙僧和尚是吾弟
八戒但經我為兄眼前棒千能變化使開棒八面威風攔路棒
僅能護膝秀手棒鬼怕神驚膝下立棒擒猛虎下掃代出
海蛟龍無情棒天門緊閉轉身棒要打天神七十二棒都使居
掃去南海世晉玉帝台前逞本令打死哪吒揭也神要知此棒

名何姓花果山前有家门　三号

打法歌

吕公八打最为先截手当先用左拳左手顺模盖害打解手
交解不見天當向使起飛仙掌等時偷挑快如烟左勾右勾
湾以打進除一下命不見有人务公吕公打那怕英雄有美千

又歌

歸雞獨立涿州橋霸王牵馬有两邊胸背拳兜前後出獅
子去兜空不饒下打下加冲天虎盖打吞封鎖益橋七星拳打進江南

短打门頭

捌手湯掌峰　喜鵲过枝　採手湯掌峰　裡挨手
單鞭救主　外摆手　托肚跌　油楔換柱
摆藍看花　托肚跌　油楔換柱　摆藍看花

托樑換柱　搬捺　籐手打月下偷壳 桃
裡蠶花　丟手不見手打順水推舟
外蠶花　丟手引手　得手軟捈
鉄翻杆　引手得手穿心肘
通袖腿　裡靠接後手軟捈
風魔掃琴　迎風接進穿心肘
白鶴晾翅　列女捧金盒　羣仙掌
仙人捧盤　合手拍手打順水推舟
加道撨　擒拿捕捉　拐李拱手
袖袍頭推山　黃龍轉身推山跌

合手湯掌峰　黃龍托鉢　單攔炮打
袖裡一点紅　前靠山　怀中抱月
後靠山　斬手抹眉紅　逼手
窩裡炮　丢手縮手打直符送書
鉄门拴　推山撡海跌　十連腿
合手点肘势　千金墜　丢手替手
揉手湯掌峰　格嶺魚　千合拿
仙人劈掌　白馬卧攔

通背　五

懶扎衣主势高强。丢下腿出步單陽。七星拳手足相顧。探馬势衣祖高徒。当頭炮势。衝推当中。單鞭誰敢遮。攔跨虎势那

木發脚。拗步勢手足和便。寿桃勢以脾底進。抛架々当頂按下。孤
身炮。打一个翻花舞袖。拗鸾肘。下連着左右红拳。玉女攢梭倒
騎龍。連珠炮打的是猛將雄兵。猿猴有果誰敢偷。铁鐘將軍
丈难走高四平。迎風脚。躲々小红拳。打一个火炎攢心。斬手
炮打一个鳳擱藏肘窠。裡炮再打井擱直入直入避身拳轉身
吊打指当[illegible]肘剪鐮踢膝錦雞独立朝陽起鼓護心拳当降
快迎腿点肘勢逼退英雄嚇一声小秦王休走拏鷹捉兔以閃
弓下揮勢閃驚巧取倒揮勢誰敢来攻朝陽手便身防腿一
条鞭打進不忙懸脚勢以脾底進騎馬勢誰敢来攻一撒步
往裡就探求眉红蓋世英雄下海擒龍山上伏虎野馬分鬃
飛擂鼓雁々勢串庄一腿逼来脚入步連心切他龍擺下朝天
鐙々起鸽々歇胸白鶴晾翅黑虎攔路胡僧托鉢燕々啣泥
二龍戲珠賽过神鎗丘列勢左搬右掌鬼蹴脚捕前掃後蹚
王年閃韓信埋伏左山右山前衝後衝觀童献掌童々拜佛
翻江过海回々指路歇陰跳澗單鞭救主青龍舞爪餓馬

提鈴六封迎避金刚搗碓下四平秦王拔劍右考打虎中攔[illegible]
劍佛頂珠反堂庄望门贊掩手红拳下壓手上一步封避拔挚手
往後収推山二掌羅漢降龍右挎红拳右騎馬右挎红拳右
騎馬左搭袖右搭袖回頭摟膝拗步歛一掌挎身二請客掩手
红拳双架探挎身红拳单鳳朝陽回頭高四平金雞晒膀
托天义左搭眉右搭眉天王降妖上一步鉄翻杆下一步了胥托鞭上
一步蒼龍擺尾双拍手先人摘乳回頭一炮拗鸞肘躲子二腿
仙人捧盤夜义探海刘海捕蟬列女捧金盒丢手収手打直符
送書回頭闪通背打一个窠裡炮掩手红拳回頭王子魁換
鬃边斜捶两枝花収頸双龍抹馬窠裡炮谁敢当上一步[illegible]
不又急三腿急回頭智远看爪往後去獅子抱綉球展手
一脚踢殺回頭二女不差以挎两拳挎回身摟膝拗当陽按
下満天星谁敢與者比並

拳经揔歌

縱放屈伸人莫知情靠纏繞我背衣劈打推壓得進步搬攔横採

难献肘掤逼攬人〻晚闪驚巧取有誰知佯輸詐走要云敗
誘回衝攻勝归讓捻打肘多欲妙横直披破哥更奇截進横擋削空
心肘迎風接進紅炮錘二換掃堂掛面脚左右鞭踏庄根腿截進
搶後長纏鎖丹東條面要藝識上提下欽君須記進攻退闪莫
迟〻藏頭盖面天下有攢心剁脇世间稀教师能識此中理难講
武藝論高低

十八勢

懶扎衣立勢高强金剛搗碓白鵝晾翅摟膝摟步黄龍出水劈身
指当勢孤身炮倒捻紅白鵝晾翅摟膝換步闪通背云手高探馬
左右便斬便懸脚勢玉女穿梭懶扎衣一过蛇左右錦雞独
立倒捻紅白鵝晾翅摟膝換步闪通背云出手高探馬十字
便斬轉身猿猴看果上一步单鞭七星跨虎勢上步轉身当陽炮

十三勢

懶扎衣立勢高强单鞭勢金剛搗碓白鵝晾翅摟膝換步黄龍出
水左山右山五七轉換朝陽炮一过蛇左右錦雞独立倒捻紅白鵝

展翅摟膝換步閃通背單鞭勢又星拳左右鞭蹼二換根打護
心拳往裡短打一撒步左右紅拳鷄子歇胸觀音獻掌單鞭救
轉身當陽炮

二十四勢

懶孔衣立勢高强丟下單鞭鬼也忙出门先使翻花炮望门踏去
逞英豪反掌掩手紅拳騎馬勢窠弓射虎右拗步十面埋伏右拗
步誰敢爭鋒劈身拳勢如壓卵枯擂勢高跳底崩金鷄獨立
且留情護心拳八面玲瓏八封劈勢難容轉身勢打橫縱一步二还
根打到回來左右七星翻花炮孤雁出群不陣勢誰敢來攻翻花舞
袖外長蛇分门左去要踐上轉身一拳打倒兩腿腳穿左難停舞袖
一推往前攻抽身就变倒斬龍急回當陽炮終

通背短打一百單八着

袖袍裡頭推山裡順水推船推山塞海孫杏拱手外丟手膝手裡打裡丟手
膝手外打裡丟手斬手外靠裡打外童子拜觀音單鶯袍袖裡一點
紅順手撒打拗手撒打手撒打順手倒手遣掌拗倒手滿掌裡丟

手他拶撥往裡丟手壓手靠打開門跌肩丶上肘撑掌扨手壓手上
撑掌猿猴湘銷喜雀以枝順手撒手横左腕手撒手横左燕子啄
水横欄肘穿心肘扨鷂孤面推拿騰蛇入洞朝天一柱香封跌捉掌拿
裡靠外靠十字靠飛仙掌搶手推心掌推面掌搭掌推肚跌裡
丟手撊手外撒脚跌往杖掩勾撩手提炮手回手推打讓手壓手推
打拿手拍手揉打斬手讓手撩打高跳底進勾揉打依鷂高取閃
鷂打取火焰攢心横直披砍扨捌手搶肚順捌手裡搶肚不遮不架鞭
道抹額束手解帶虎頭角列女捧金盤二遼直治龍王磨捆猶太山壓
頂扭羊頭搖枝尋丈膝腿法手順水推舟壓手藤手外靠裡抓跌
扨手往手壓手藤手壓手捌手丟手捌手十字跌往杖靠打黑心
淘心丟手撊手封手瑕打双鳳貫耳壓横欄肘壓手撩打按
頭掃脚望外跌丟手捌手按頭掃脚望裡跌捌手上後手推面拍
手拿手跌捌手盪峰拍手推打跌丟手撊手打壓手靠跌丟
手捌手捧肘望裡跌破手金盤下帶膝跌

捌手盪峰

打火炎攢心
双揉跌

按耳掃脚跌
接後手靠跌

破[illegible]挒手盪峰　合手盪峰　加道搥
藏頭顧面肘　合手盪峰
引手得手双捺跌　童子拜佛帶拿　破拿
使捧肘　破捧肘　使提帶擦
引手得手　鷄子抓肩跌　破挒手靠跌
使仙人指路　破挒手　使合手帶軟掌
滾手盪手峰　打藤蛇入洞　滾手靠跌　滾手摟後手双捺跌
破裡挒手盪掌風　帶連紫
單鞭救主　打藤蛇入洞　帶飛仙掌　千金拿
破双捕跌
順手軟靠跌
[illegible]肚跌

打倒手火炎攢心　帶燕下落水

劉全進瓜　連衣劍帶捺

大纏　飛仙掌　摞手陽掌峰

破

順擱肘　跨肘打摞藍看花

摞手伏盤肘摞背对打喉嚨破　犬纏使

捺肘破　捺使　摟前膝豬身翻跌破

托肚肘使　飛仙掌破飛仙掌使　鳳凰单展翅

摞藍看花

破丁摞手陽掌峰

撤摞靠跌　正捺跌　腦後植　格顧刍破摞跌

破千金墜　千金拿　撤摞使

順擱肘　又丟手替手　破撤滌使　拆八仙

裡蟠花

破

接後手採跌

踐肘下[illegible]採推山跌

外蟠花

破

通手

跌翻杆

指穿林

順搁肘

白虎洗絟帶抹眉紅打

破

藏頭顧面肘

通袖腿

白虎洗纏抹眉紅帶左橫搁肘

破

通背双力歌

歸馬分鬃世無比倚力变势乱捶衣上手刀砍一个白云盖顶急回頭拗步翻身第三回砍一个雁别金翅第四回砍一个孤雁出羣第五回翻隈[illegible]伯捻身又砍一捶花第六回童子朝隈最为佳下势又砍右[illegible]

刀名为右撑花六路[illegible]降龍下势彼扎我頭左手当一刀右
砍一刀彼如再扎我腿左手当一刀右手再砍一刀翻身再砍两刀
往後一抽左手往上当一刀右手往下当一刀上步頭往後掛一刀往
前照頭砍一刀如後有人扎我頭回頭砍一刀如刺我頭往後掛
一刀往前照頭砍一刀如後有人扎我頭回頭砍一刀如前有人扎
我頭当一刀照腿砍一刀如後有人扎我頭回頭当一刀照腿砍一
刀将刀舉起砍一刀如有人扎我脚左撩一刀再搭我脚右撩一刀上步
腿横砍一刀反手照頭砍一刀七路单鳳朝陽下势左手在上右手在膝
彼扎我心下手捏一刀彼扎我手上步捏一刀彼扎我手上步切一刀彼扎心下
手再捏一刀彼扎手腿捏手往下当一刀上手砍一刀翻身再砍两刀前手
切两刀名为双捏金八路粘肘下势彼扎我脚後手往下当一刀彼扎
我頭双刀一架左手往下一按後照腿砍一刀彼扎我肩双刀滚身一進左
右手斜砍彼扎我腿左手一当右手上步一砍後手再砍一刀名为
二龍戲珠九路左搭肩下势彼扎我右手双刀斜捏彼如再動我便
一下一上斜砍名为两双撑花十路右搭肩下势彼扎我肘左手

一□子背旋鞭彼孔我脚左手一提彼孔我脚右手上步一砍彼
孔我脚右手一当左手往上一孔彼孔压吾首迎右腿进步一收反手
一砍名为一提金
十路怀中抱月下势孔前有人用槍孔我脚往後採一刀起槍照手砍一
刀孔後有人孔我頭翻身当一刀落再怀中又抱月彼孔我脚往下当一
刀孔前有人孔我頭当一刀落去怀中又抱月往後点一刀往前砍一刀
切一刀此为春秋刀又名偃月刀雖有十路前一路與人单孔後二路
與人双孔其中有虚有实有奇有正有虚虚实实实奇正正奇
莫测妙神 全在熟習精純對敵如何不勝以來□□ 此十路口訣列在下看

春秋刀十路

頭一路提刀下势彼孔我頭往上崩一刀砍一刀彼孔我脚当一鑽砍一刀攻□
刀往上砍一刀切一刀二路斧刀下势彼剁我脚李一鑽打一鑽往頭砍
刀照腿砍一刀收一刀切一刀三路斧刀下势彼剁我脚当一刀剁一刀
滚身往上砍一刀往後卦一刀往頭劈一刀往後再卦一刀照頭再
刀四路提刀下势彼孔我頭往上当一刀照腿砍一刀卦一刀欲打
棍当一刀彼打我腿当一鑽彼再打我棍我打他一鑽收一刀

一一六

[illegible]刀下势往孔我頭一刀砍一刀[illegible]行鑽滚身照腿砍[illegible]
山一刀彼以鎗掛刀再打一鑽孔一鑽砍一刀彼以膽掛刀刀從手下[illegible]
取手一刀砍一刀切一刀六路並脚斧刀下势彼孔我肚挑袍斧十字
一砍当一鑽孔一鑽砍一刀掛一刀往腿砍一刀出一刀切一刀七路铜鍘
下势彼孔我膝左撩一刀加後腿横砍一刀当一鑽滚身往後退一刀
丢一刀劈肚撩一刀出一刀切一刀八路跌门门下势彼孔我腿翻身当一
刀打一鑽孔一鑽收一刀照頭丢一刀往腿砍一刀掛一刀照頭砍一刀往腿
砍一刀掛一刀、照腿砍一刀九路裡刀下势以前有人剁我脚当一刀砍
我裡一刀反手膝後一刀名为翻花刀十路怀中抱月下势以前有人[illegible]
孔我脚往後撩一刀起膽照手砍一刀以後有人孔我頭翻身当一刀
落再怀中又抱月彼孔我脚往下当一刀往前孔一刀以前有人孔我頭
当一刀落去怀中又抱月往後点一刀往前砍一刀切一刀此为春秋刀又名
偃月刀作有十路前一路與人单孔後二路與人双孔其中有虚
有实有奇有正有虚虚实实实实奇奇正正变化莫测神妙无穷
[illegible]習精纯对敌以方不勝[illegible]来

闯壶提刀上霸橋白云盖顶逞英豪上三刀嚇死许褚下三刀惊怕[illegible]

白猿拖刀往上砍一朋虎就地飞来分鬃刀难遮难当十字[illegible]

胸怔翻身一刀往上破磨腰刀回又盘根左撣衣往上急砍[illegible]

〃〃〃〃〃也一手五花权手往上磨落在怔中又抱月牵刀[illegible]

往上砍拦回一斧嚇人魂翻花往右宫[illegible]斩大邦[illegible]

撣衣翻身往上砍再斧云月龍砍死人翻花往左宫下势

盖顶又转回歷绝翻身猛回头十字分鬃直搽去衣刀转[illegible]

手左右双撣谁敢拒衣刀转下跌门隂捲叢倒退难遮避花[illegible]

衣刀左右往上砍十字一刀忙斧赶翻身再斧龍探水春秋刀[illegible]

之闯内有常山刀一路偃月刀一路四门刀一路八卦刀一路路路不[illegible]

其中妙術不可尽述惟在熟習善悟以凡之耳

花刀六路

头路撒花盖顶单鞭势上拦腿左右探二刀十字砍一刀滚[illegible]

[illegible]闯二回[illegible]手刀滚身再[illegible]

[illegible]下势收下砍一刀一[illegible]砍一刀[illegible]打[illegible]腿砍一刀

[illegible]第二刀滚身砍一刀三路撒花盖顶收斗下势往上崩一[illegible]

刀望上挑一刀滚身再砍一刀四路撒花盖顶叠上布扇下[illegible]

砍一刀望上挂一刀望前砍一刀滚身望腿砍一刀滚腰再砍一

五路撒花盖顶单鞭势上跺腿往腿砍一刀往上崩一刀滚身[illegible]

脸去一刀砍一刀滚身再砍一刀六路大砍刀下势望下砍一刀望[illegible]

上跺腿望脸去一刀望下砍一刀回头往下砍一刀十步砍一刀踢一[illegible]

翻身望撩一刀抱在怀中再斧起此刀虽是六路一路可分六

六六三十六其中变化无穷精于此御敌未有不胜故也

朝天蹬五起

五十

洪洞通臂拳谱校释

洪洞通臂拳谱

一、懒扎衣立势高强段〔一〕

二、丢下腿出步单阳

〔一〕原谱本页前还有两页分别是『七十六下四平』和『七十七秦王拔剑』两图，因这两图与后文重复，故校释时删除。扎，二〇一二年人民体育出版社出版、杨祥全主编的洪洞通背拳（后文凡引此书，简称洪洞通背拳，不再注明版本）作『插』字。后文有『懒扎衣立势高强』，并且这种名称不一致的现象有多处，为保持原貌，不作改动。

三、七星拳手足相顾

四、探马势太祖高传

五、中单鞭谁敢当先〔一〕

六、跨虎势那（挪）移发脚〔二〕

〔一〕原谱有『第五当头势冲人怕』和『第六势』之语，为后来补记。

〔二〕那，据文义，当作『挪』字。后同。跨虎势那移发脚，洪洞通背拳作『跨虎势那移法脚』。

七、拗步势手足和便

八、寿桃势如牌挨进〔一〕

〔一〕寿桃势如牌挨进，洪洞通背拳作『寿桃势如牌低进』。

九、抛架子短当休延〔一〕

十、孤身炮

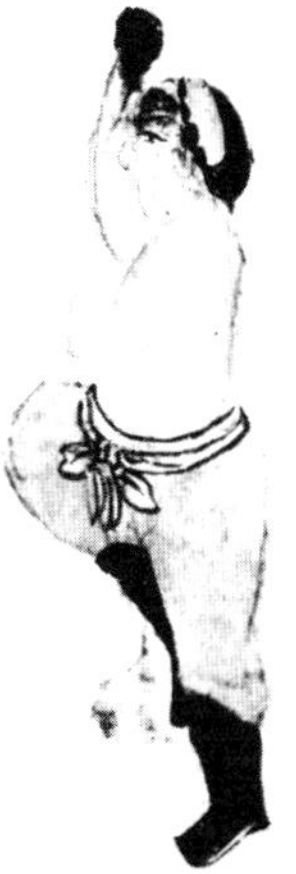

〔一〕抛架子短当休延，洪洞通背拳作『抛架子当头按下』。

十一、翻花舞袖

十二、拗鸾肘

十三、左右红拳

十四、玉女穿梭倒骑龙〔一〕

〔一〕原谱此图后少『十五』一幅图。

十六、连珠炮猛将雄兵

十七、猿猴看果谁敢偷，铁揽将军也要走

十八、高四平

十九、仍封脚夺子

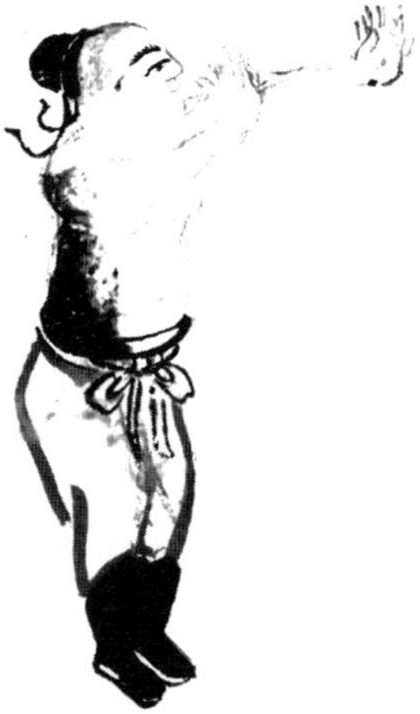

二十、小红拳火焰攒心

二十一、展手炮打一个凤鸾藏肘〔一〕

〔一〕展手炮打一个凤鸾藏肘，洪洞通背拳作『斩手炮凤鸾藏肘』。

二十二、窝里炮

二十三、打一个井拦（栏）直入〔一〕

〔一〕拦，据文义，当作『栏』字。后同。打一个井拦直入，洪洞通背拳作『打一个井栏势』。

二十四、直入

二十五、庇身拳转身吊打

二十六、指当（裆）〔一〕

【欠一个第二十七图前镰踢膝】

【欠一个弟（第）〔二〕二十八图金鸡独立】

二十九、朝阳起鼓

〔一〕当，据文义，当作『裆』字。后同。

〔二〕弟，据文义，当作『第』字。

三十、护身拳〔一〕

三十一、专降快腿

〔一〕护身拳，洪洞通背拳作『护心拳』。

三十二、点肘势逼退英雄〔一〕

【欠三十三图吓一声小禽（擒）〔二〕拿休走】

【欠三十四图拿鹰捉兔硬开弓】

【欠三十五图下扎势闪惊巧取】

【欠三十六〔图〕〔三〕倒扎势谁人敢攻】

三十七、朝阳手

〔一〕点肘势逼退英雄，洪洞通背拳作『拈肘势逼退英雄』。

〔二〕禽，据文义，当作『擒』字。

〔三〕图，据文义所补。

三十八、便身防腿

三十九、一条鞭打进不忙

四十、悬脚势诱彼轻进

四十一、骑马势冲来敢当

四十二、一霎步往里就采

[四十三]〔一〕、抹眉红盖世无双，下海擒龙

〔一〕四十三，据前后序号所补。

四十四、上山伏虎

四十五、野马分鬃，张飞擂鼓

四十六、雁翅势穿庄腿〔一〕

四十七、劈来脚〔二〕

〔一〕雁翅势穿庄腿，洪洞通背拳作『雁翅势穿桩一腿』。
〔二〕劈来脚，洪洞通背拳作『避来脚』。

四十八、入腿联心〔一〕

四十九、雀地龙按〔二〕

〔一〕入腿联心，洪洞通背拳作『入步连心』。

〔二〕雀地龙按，洪洞通背拳作『雀地龙按下』。

五十、朝天蹬五（立）〔一〕起

五十一、鸡子解胸〔二〕

〔一〕五，洪洞通背拳作『立』字，当是。

〔二〕原谱有『欠四十九图雀地龙按下』『欠五十图朝天镫立起』之语，但前文已经有这两势及其插图，只是名称与用字稍有不同。

五十二、白鹅晾翅〔一〕

五十三、黑虎搁（拦）〔二〕路

〔一〕白鹅晾翅，洪洞通背拳作『白鹅亮翅』『白鹤亮翅』。

〔二〕搁，据文义，应为『拦』字之误。

五十四、胡僧托钵

五十五、燕子啥（含）泥〔一〕

〔一〕啥，据文义，当作『含』字。原谱『燕子啥泥』前有『后五十四势续后』之语。原谱还有『欠五十三图黑虎拦路』『欠五十四图胡僧托钵』之语，为后来补记，但前文已有这两势及其插图。

五十六、二龙戏珠

【欠五十七图赛过神枪】

【欠五十八图丘挒[一]手】

五十九、左搬[二]右掌

[一] 挒，在冀鲁官话中表示『拽、拉』或『抱』的动作。（许宝华、宫田一郎主编汉语方言大词典（全五卷），中华书局，一九九九，第三九九九页。）

[二] 搬，洪洞通背拳作『扳』字。

六十、鬼蹴脚补〔一〕前扫后

六十一、霸王举鼎

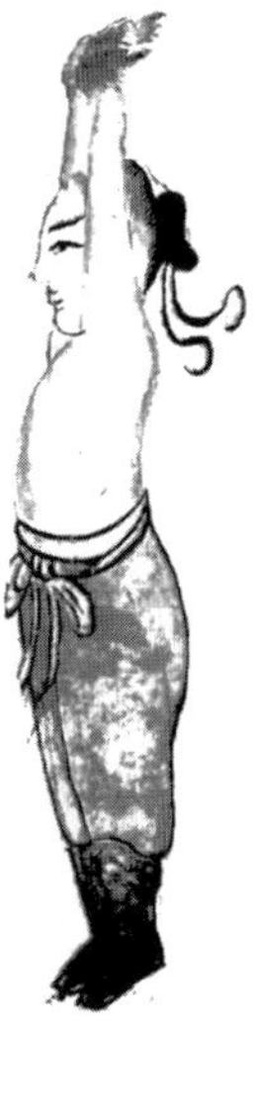

〔一〕补，洪洞通背拳作『捕』字。

六十二、韩信埋伏

六十三、右山（扇）〔一〕

〔一〕右山，洪洞通背拳作『右山势』。山，据文义，或为『扇』字之误，有用手掌打之意。后同。

六十四、左山〔一〕（扇）

六十五、前冲后冲

〔一〕左山，洪洞通背拳作『左山势』。

六十六、观音献掌

六十七、童子拜佛

六十八、翻身过海

六十九、回回指路

七十、敬德跳涧

七十一、单鞭救主

七十二、青龙舞爪

七十三、饿马提铃

七十四、探马势太祖高传〔一〕

七十五、当头炮〔二〕

〔一〕原谱『探马势太祖高传』后有『六封回避』之语，然被打上括号。原谱还有『欠七十四图六通四避』之语，为后来补记。

〔二〕原谱『当头炮』前有『金刚捣碓』之语，然被打上括号。原谱还有『欠七十五图金刚捣碓』之语，为后来补记。

七十六、下四平　崇孝（存孝）打虎〔一〕

七十七、秦王拔剑

〔一〕崇孝，据文义，疑为『存孝』之误。后同。下四平　崇孝打虎，洪洞通背拳作『下四平』。

七十八、崇孝（存孝）打虎

【欠七十九图钟馗伏剑】

【欠八十图佛顶珠】

八十一、反堂庄望门赞（攒）〔一〕

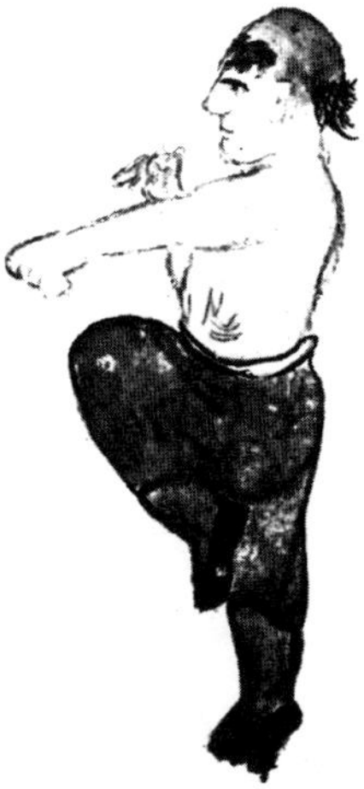

〔一〕赞，据文义，应为『攒』字之误。后同。门攒疑是门闩或顶门杠子。

八十二、下压势上一步封辟（闭）〔一〕

八十三、推山二掌

〔一〕辟，据文义，疑为『闭』字之误。下压势上一步封辟，洪洞通背拳作『下压势上一步封避捉拿』。

八十四、罗汉降龙

八十五、右转红拳［左跨马］〔一〕，左转红拳右跨马

〔一〕左跨马，据文义与洪洞通背拳所补。

八十六、左搭袖右搭袖

八十七、回头搂膝拗步插一掌

八十八、转身三请客

八十九、掩手红拳三架梁

九十、单凤朝阳

九十一、回头高四平金鸡晒膀

九十二、下一步子胥拖鞭〔一〕

【欠九十三图左搭眉右搭眉】

【欠九十四图天王降妖】

九十五、苍龙摆尾〔二〕

〔一〕原谱『下一步子胥拖鞭』后有『托天叉』之语，然被打上括号，因后文有这一势及其插图。

〔二〕原谱『苍龙摆尾』前有『上一步铁翻杆』之语，然被打上括号，因后文有这一势及其插图。

九十六、双怕仙人摘乳〔一〕

九十七、回头一炮拗鸾肘〔二〕

〔一〕原谱『双怕仙人摘乳』后有『下一步子胥拖鞭』之语，然被打上括号，因前文已有这一势及其插图。双怕仙人摘乳，洪洞通背拳作『双拍手仙人摘乳』。

〔二〕原谱『回头一炮拗鸾肘』前有『苍龙摆尾』之语，然被打上括号，因前文已有这一势及其插图。

九十八、躲子红二仙人捧盘〔一〕

一百一、夜叉深海〔二〕

〔一〕原谱有『欠九八双拍手仙人摘乳』之语，为后来补记。原谱此图后少『九十九、一百』两幅图。

〔二〕夜叉深海，后文作『夜叉探海』。此处保持原貌未作改动，后文亦未作改动。

一百二、刘海捕蝉（蟾）〔一〕

一百三、列（烈）〔二〕女捧金（锦）〔三〕盒

〔一〕蝉，据文义，应为『蟾』字之误。后同。
〔二〕列，古文中通『烈』字。后同。
〔三〕金，似为『锦』字之误。后同。

一百四、直符送书

一百〇五〔一〕、急回头智远看瓜〔二〕

〔一〕原谱中的数字用法与现代数字用法不同，因不影响阅读，故保留原版，不作改动。后同。

〔二〕原谱有『欠一百〇五回头闪通背窝理炮』『欠一百〇六图按手红拳回头五子』『欠一百〇七图上一步智远看瓜往前去狮子』『欠一百〇八图只转两拳护膝当场按下』之语，为后来补记。但后文有『一百〇五、一百〇六、一百〇七、一百〇八』四幅图，只是所记招式名称不一致。

一百〇六、托天叉

一百〇七、上一步铁翻杆

一百〇八、自转身两拳护膝，当场按下满天星，谁敢［与吾比拼］〔一〕〔二〕

外通背叙

掳膝一拳，推到收回处可夸，打下顾上最无佳，偷脚一腿踢杀。回看肘，并看花，谁敢当吾，打提立下。上步蛟龙出水，后一打，返上情左，急三锤，前往后掤，大开弓射虎谁不怕。收回来，马斩学上挄，又带红纱，急回按下满〔三〕，与吾并比。

〔一〕与吾比拼，据文义与洪洞通背拳所补。

〔二〕原谱中此图后面还有一幅重复的图，校释时删除。

〔三〕据文义，此处不通顺，原谱此处疑缺字。

六六三十六跌

藤手

一元，二叹，三撂，四靠，五撒；

一卧，二靠，三坐，四撒，五挂，六卤（掳）〔一〕；

一捺，二拿，三肘，四拍，五按，六□〔二〕；

一抢，二拜，三肘，四𢓨（掳）〔三〕，五□，六叹里撂手；

一悲（背）〔四〕，二靠，三采，四膝，五按，六封外撂手；

一按，二难〔五〕，三悲（背），四靠，五扫，六𢓨（掳）。

〔一〕卤，据文义，应作动词，似为『掳』字之误。

〔二〕据文义，原谱此处疑缺一字。

〔三〕𢓨，据文义，当作『掳』字。后同。

〔四〕悲，据文义，应作动词，应为『背』字之误。后同。

〔五〕难，据文义，应作动词，具体语义待考。

三十七让跌

根子搬腿，双风（峰）〔一〕贯耳，根子抓淡（蛋）〔二〕跌，撂手按耳跌，抓面跌，双架园跌，破撂手抓面跌，外面按头扫脚跌，死蛇褡他（地）〔三〕跌，千金坠跌，抓裤腰跌，搂下退跌，掠头发跌，顾子跌，搽（掳）手搭肚跌，十字跌，贴身靠跌，小坐子跌，夜叉探海，全五（舞）〔四〕花花（跌）〔五〕去。

秦琼锏歌

左右插花，左右挽袖，左右霸王举鼎，腾锏势，苏［秦］〔六〕背锏（剑）〔七〕，白鹅展翅，仙人指路，魁星势，瓦面锏封尞（撩）〔八〕，平地一声雷，两锏相并，跨虎势，左足一上虎抱头。

〔一〕风，据文义，应为『峰』字之误。后同。

〔二〕淡，据文义，应作名词，疑为『蛋』字之误，在冀鲁官话、中原官话、晋语中指『睾丸』。（许宝华、宫田一郎主编《汉语方言大词典（全五卷）》，第五八五〇页。）

〔三〕他，据文义，或为『地』字之误。后同。

〔四〕五，据文义，应为『舞』字之误。后同。

〔五〕花，据文义，或为『跌』字之误。

〔六〕秦，据文义所补。

〔七〕锏，据文义，应为『剑』字之误。

〔八〕尞，据文义，疑为『撩』字之误。

霸王拳歌

霸王立势在乌江，红（鸿）〔一〕门射雁等汉王。
韩信勒马左边站，子龙赴会左边藏。
关圣贤寻曹接众，刘玄德宝剑藏身。
李存孝拳打猛虎，薛仁贵定国安邦。
华关销（花关索）〔二〕飞身上马保三娘。
置秉田庄拳打周公，出世脚踢吕布把名扬。

方天戟

夜叉探海，全五（舞）花，上去中平戟，吕布倒托方天戟，回头[illegible]〔三〕上平戟，卸下来珍珠倒卷帘，点腿掳一戟，上步托一戟，黄龙点杆打一钻，回头按下地蛇戟，捶一戟，打一钻，转身勾腿一戟，捶一戟，回头半个五（舞）花，亮一戟。

〔一〕红，据文义，应为『鸿』字之误。
〔二〕华关销，据文义，应为『花关索』之误。民间传说关索为三国名将关羽的第三子，其故事见明代花关索出身传等唱本。
〔三〕[illegible]，此字难以识别，待考。

行者棒

铁背猿猴吾姓孙，花果山前逞威能。猛虎翻身只棒□〔一〕，底水神枪使的能。赶上就使中平枪，凤凰展翅棒随身。沙僧和尚是吾弟，八戒担经我为兄。眼前棒千能变化，使开棒八面威风。拦路棒仅能护膝，参手棒鬼怕神惊。膝下立棒擒猛虎，下扫代出海蛟龙。无情棒天门紧闭，转身棒要打天神。七十二棒都使居（足）〔二〕，扫去南海世音。玉帝台前逞本令（领）〔三〕，打死哪吒（吒）〔四〕揭地神。要知此棒名何姓，花果山前有家门。

打法歌

吕公八打最为先，截手当先用左拳。左手顺模盖害打，解手交锋不见天。当向使起飞仙掌，等时偷桃快如烟。左勾右勾湾（弯）〔五〕以打，逢济一下命不见。

〔一〕据上下文字数，原谱此处似缺一字。

〔二〕居，此处难解。中原地区『足』的方言发音类似『居』，此处『居』字疑为『足』字之误，意思为『尽、极』。

〔三〕令，据文义，应为『领』字之误。

〔四〕吒，据文义，应为『吒』字之误。

〔五〕湾，据文义，当作『弯』字。

有人学会吕公打，那（哪）〔一〕怕英雄有万千。

又歌

锦〔二〕鸡独立涿州桥，霸王举鼎有两遭。胸背拳儿前后出，狮子立儿定不饶。

下打下加冲天虎，盖打吾封锁益桥。七星拳打进江南。

短打门头

挒手澩峰〔三〕，喜鹊过枝，采手澩峰，里撂手，单鞭救主，外撂手，托肚跌，抽梁换柱，撂蓝（篮）〔四〕看花，托肚跌，抽梁换柱，撂蓝（篮）看花。

托梁换柱：搬𢫬（掳），藤手打，月下偷靠。

里蚕花：丢手不见手，打顺水推舟。

外蚕花：丢手，引手，得手软捺。

〔一〕那，据文义，当作『哪』字。

〔二〕锦，洪洞通背拳作『金』字。后同。

〔三〕澩峰，下文又写为荡峰、澩风。澩，有『用手推止』之意。（汉语大字典编辑委员会编纂汉语大字典：九卷本，四川辞书出版社，二〇一〇，第二〇六七页。）文中具体意思待考。

〔四〕蓝，据文义，应为『篮』字之误。后同。

铁翻杆：引手，得手，穿心肘。

通袖腿：里靠，接后手软捺。

风魔扫琴：迎风接进穿心肘。

白鹅晾翅：列（烈）女捧金（锦）盒，群仙掌。

仙人捧盘：合手，拍手，打顺水推舟。

加道捶：擒拿捕捉，拐李拱手。

袖袍头推山：黄龙转身推山跌。

合手漻峰，黄龙托钵，单拦炮打，袖里一点红，前靠山，怀中抱月，后靠山，斩手抹眉红，逼手，窝里炮，丢手，缩手打，直符送书，铁门拴，推山擦海跌，十连腿，合手点肘势，千金坠，丢手，替手，捺（捞）手漻峰，格岭鱼，千合拿，仙人劈掌，白马卧拦。

通背

懒扎衣立势高强，丢下腿出步单阳。七星拳手足相顾，探马势衣祖高传。

当头炮势冲难当，中单鞭谁敢遮拦。跨虎势那（挪）衣（移）[一]发脚，拗步势手足和便。

寿桃势如牌底进，抛架子当须按下。孤身炮，打一个翻花舞袖。

〔一〕衣，据文义，似为『移』字之误。

拗鸾肘，下连着左右红拳，玉女攒梭倒骑龙。连珠炮，打的是猛将雄兵。

猿猴有（看）〔一〕果谁敢偷，铁錍〔二〕将军也难走。高四平，迎风脚。

躲[illegible]〔三〕小红拳，打一个火炎（焰）〔四〕攒心。斩手炮，打一个凤拦藏肘。

窠里炮，再打井拦（栏）直入，直入。避身拳转身吊打，指当（裆）肘剪镰踢膝。

锦鸡独立，朝阳起鼓。护心拳专降快迎腿，点肘势逼退英雄。

吓一声，小秦王休走，拿鹰捉兔如开弓。下插势闪惊巧取，倒插势谁敢来攻。

朝阳手便身防腿，一条鞭打进不忙。悬脚势如牌底进，骑马势谁敢来攻。

一撒步往里就探，末（抹）〔五〕眉红盖世无双。下海擒龙，山上伏虎，野马分鬃，张飞擂鼓。

雁子势串庄（桩）〔六〕一腿，逼来脚入步连心。切〔七〕地龙按下，朝天镫立起。

鹞子欹胸，白鹅晾翅，黑虎拦路，胡僧托钵，燕子衔泥，二龙戏珠，赛过神枪。

丘列势左搬右掌，鬼蹴脚捕前扫后。

〔一〕有，据文义，应为『看』字之误。

〔二〕錍，此字难以识别，待考。前文插图第十七势『猿猴看果谁敢偷，铁搅将军也要走』可作参考。

〔三〕[illegible]，其字难以识别，待考。

〔四〕炎，据文义，当作『焰』字。后同。

〔五〕末，据文义，疑为『抹』字之误。

〔六〕庄，据文义，应为『桩』字之误。后同。

〔七〕切，洪洞通背拳作『雀』字。

霸王举鼎，韩信埋伏，左山（扇）右山（扇），前冲后冲，观童献掌，童子拜佛，翻江过海，回回指路，敬德跳涧，单鞭救主，青龙舞爪，饿马提铃，六封回避，金刚捣碓。

下四平，秦王拔剑，存孝打虎，中（钟）〔一〕馗[illegible]（伏）〔二〕剑。

佛顶珠，反堂庄，望门赞（攒）；掩手红拳下压手，上一步封避（闭）〔三〕捉拿，往后收推山二掌。

罗汉降龙，右转红拳，右跨马，左转红拳，左跨马，左搭袖，右搭袖，回头搂膝拗步。

钗（叉）〔四〕一掌，转身三请客，掩手红拳双架梁。

转身红拳，单凤朝阳，回头高四平，金鸡晒膀。

托天叉，左搭眉，右搭眉，天王降妖。

上一步铁翻杆，下一步子胥托鞭，上一步苍龙摆尾，双拍手先人摘乳，回头一炮拗鸾肘。

躲子二腿，仙人捧盘，夜叉探海，刘海捕蝉（蟾），列（烈）女捧金（锦）盒，丢手，收手，打直符送书，回头闪通背，打一个窠里炮，掩手红拳，回头五子转换，鬓边斜插两枝花。

收头双龙抹马，窠里炮谁敢当；上一步，邀手不叉急三锤。

急回头，智远看瓜；往后去，狮子抱绣球。展手一脚踢杀，回头二还也不差；只转两拳，转回身，

〔一〕中，据文义，应为『钟』字之误。

〔二〕[illegible]，此字难以识别，据文义，应为『伏』字之误。

〔三〕避，据文义，应为『闭』字之误。后同。

〔四〕钗，据文义，应为『叉』字之误。

搂膝势，当场按下满天星，谁敢与吾比并〔一〕。

拳经总歌

纵放屈［伸］〔二〕人莫知，情（诸）靠缠绕我背衣〔三〕。劈打推压得进步，搬撂横采□难献。钩掤逼揽人人晓，闪惊巧取有谁知。佯输诈走虽云败，□□回冲攻胜归。让[illegible]〔四〕打肘多微妙，横直披破奇更奇。截进横拦穿心肘，迎风接进红炮锤。二换扫堂挂面脚，左右鞭蹚庄（桩）根腿。截进掩后无缝锁，升东系面要艺识。上提下顾君须记，进攻退闪莫迟迟。藏头盖面天下有，攒心剁胁世间稀。教师能识此中理，难讲武艺论高低。

十八势

懒扎衣立势高强，金刚捣碓，白鹅晾翅，搂膝搂步，黄龙出水，劈身，指当（裆）势，孤身炮，倒捻红，白鹅晾翅，搂膝换步，闪通背，云手，高探马，左右便斩，便悬脚势，玉女穿梭，懒扎衣，一过蛇，

〔一〕并，洪洞通背拳作『拼』字。

〔二〕伸，据文义与洪洞通背拳所补。洪洞通背拳作『屈伸』『屈身』，据文义，此处应为『屈伸』。

〔三〕情，据文义与洪洞通背拳，疑为『诸』字之误。情靠缠绕我背衣，洪洞通背拳作『近靠缠绕我接衣』『诸靠缠绕我皆依』。

〔四〕[illegible]，此字难以识别，待考。

左右锦鸡独立，倒捻红，白鹅晾翅，搂膝换步，闪通背，云出手，高探马，十字便斩，转身猿猴看果，上一步单鞭，七星跨虎势，上步转身当阳炮。

十三势

懒扎衣立势高强，单鞭势，金刚捣碓，白鹅晾翅，搂膝换步，黄龙出水，左山（扇）右山（扇），五子转换，朝阳炮，一过蛇，左右锦鸡独立，倒捻红，白鹅晾翅，搂膝换步，闪通背，单鞭势，七星拳，左右鞭蹪，二换根打护心拳，往里短打，一撒步左右红拳，鹞子欹胸，观音献掌，单鞭救［主］[一]，转身当阳炮。

二十四势

懒扎衣立势高强，丢下单鞭鬼也忙。出门先使翻花炮，望门蹪去逞英豪。反堂掩手红拳，骑马势窠（弯）[二]弓射虎。左拗步十面埋伏，右拗步谁敢争锋。劈身拳势如压卵，指裆势高跳底崩。金鸡独立且留情，护心拳八面玲珑。六封劈势难容，转身势打纵横。一步二还根打，到（倒）[三]回来左右七星。

［一］主，据前文『单鞭救主』所补。
［二］窠，据文义，疑为『弯』字之误。
［三］到，据文义，当作『倒』字。

翻花炮孤雁出群，下插势谁敢来攻。翻花舞袖如长蛇，分门[illegible][一]去丧残生。转身一拳打倒，两脚穿庄（桩）难停。舞袖一推往前攻，抽身就变倒骑龙，急回当阳炮终。

通背短打一百单八着

袖袍头推山，里顺水推船，推山塞海，拐李拱手，外丢手膝手里打，里丢手膝手外打，里丢手斩手外靠，里打外童子拜观音，单鸾袍袖里一点红，顺手搬打，拗手，搬打手，搬打顺手，挒手荡峰，拗挒手荡峰。里丢手抽梁换柱，里丢手压手靠打，开门铁扇，□上肘摔掌，拗手压手，上肘摔掌，猿猴开销，喜雀（鹊）[二]过枝，顺手搬手横庄，顺手搬手横庄，燕子浮水，横拦肘，穿心肘，拗鸾孤面推拿，藤（滕）[三]蛇入洞，朝天一柱（炷）[四]香，封避（闭）捉掌拿，里靠，外靠，十字靠，飞仙掌，抢手推心掌，推面掌，搭掌推肚跌，里丢手，拦手外撒脚跌，柱杖掩勾挽手，提炮手回手推打，让手，压手推打，拿手，拍手采打，斩手，让手撩打，高跳底进勾[illegible]（掳）打，低惊高取，闪惊巧取，火焰攒心，横直披砍，拗挒手拴肚，顺挒手里[illegible]（拴）[五]肚，不遮不架，钟馗抹额，束手解带，虎头角，

〔一〕[illegible]，此字难以识别，待考。

〔二〕雀，据文义，应为『鹊』字之误。

〔三〕藤，据文义，应为『滕』字之误。后同。

〔四〕柱，据文义，应为『炷』字之误。

〔五〕[illegible]，此字难以识别，据前文疑为『拴』字。

列（烈）女捧金盘，孙直治龙，王屠捆猪，太山压顶，纽（扭）〔一〕羊头，掐枝寻文，膝腿法手，顺水推舟，压手藤手外靠里抓跌，拗手，□〔二〕手，压手，藤手，压手，捌手，丢手，捌手，十字跌，柱杖靠打，黑心（虎）〔三〕淘（掏）〔四〕心，丢手，栏（拦）〔五〕手，封手搬打，双风（峰）贯耳，压横栏（拦）肘，压手撩打，按头扫脚望外跌，丢手，捌手，按头扫脚望里跌，捌手上，后手推面，拍手，拿手跌，捌手荡峰，拍手推打跌，丢手栏（拦）串打，压手靠跌，丢手，捌手，捧肘望摔跌，破千金坠下带膝跌。

捌手荡峰【打火炎（焰）攒心双采跌，按耳扫脚跌，接后手靠跌】，破拗捌手荡峰，合手荡峰，加道捶，藏头顾面肘，合手荡峰；

引手得手双索跌，童子拜佛带拿【破拿】；

使捧肘【破捧肘】；

使提带擦，引手得手，鹞子抓肩跌【破捌手靠跌】；

使仙人指路【破】，捌手【使】；

〔一〕纽，据文义，当作『扭』字。

〔二〕□，此字难以识别，待考。

〔三〕心，据文义，疑为『虎』字之误。

〔四〕淘，据文义，应为『掏』字之误。

〔五〕栏，据文义，应为『拦』字之误。后同。

合手带软掌，渌（掳）手挛峰【打藤（縢）蛇入洞，渌（掳）手靠跌】，渌（掳）手接后手双捺跌；

破里挒手挛风；

单鞭救主【打藤（縢）蛇入洞，带连如箭，带飞仙掌，千金拿】，破双捕跌，托肚跌，顺手软靠跌；

打倒手火炎（焰）攒心，带燕子浮水，刘全进瓜；连袁（猿）〔一〕剑带捺，大缠，飞仙掌，渌（掳）手挛峰，破顺拦肘；

跨肘打，采蓝（篮）看花，渌（掳）手伙盘肘，采背对打[illegible]〔二〕【破】，大缠【使】；

挤肘【破】，挤【使】；

搂前腰转身翻跌【破】，托肚肘【使】；

飞仙掌【破】，飞仙掌【使】，风（凤）〔三〕凰单展翅；

采蓝（篮）看花，破渌（掳）手挛峰；

撤渌（掳）靠跌，正捺跌，脑后捶，采跌，破【千金坠，顺拦肘】；

又【千金拿，丢手替手】，破【格岭，撤渌（掳），使】；

急【破】撤渌（掳），胜八仙【使】；

〔一〕袁，据文义，疑为『猿』字之误。

〔二〕[illegible]，此处二字字义不明，待考。

〔三〕风，据文义，应为『凤』字之误。

里蚕花破【接后手采跌，跨肘下采推山跌】；

外蚕花破【逼手】；

铁翻杆【指穿林，顺拦肘】，白虎洗絵（脸）〔一〕带抹眉红打，破藏头顾面肘；

通袖腿，破白虎洗緾（体）〔二〕抹眉红带左横拦肘。

通背双刀歌

野马分鬃世无比，停刀变势乱插衣。上手刀，砍一个白云盖顶；急回头，拗步翻身；第三回，砍一个雁别金翅；第四回，砍一个孤雁出群；第五回，朝阳人人怕，转身又砍一插花；第六回，童子朝阳最为佳，下势又砍右插。

刀名为右插花

六路

罗汉降龙下势。彼扎我头，左手当（挡）〔三〕一刀，右□砍一刀；彼如再扎我腿，左手当（挡）一刀，

〔一〕絵，疑为『脸』字之误。

〔二〕緾，似为『体』字之误，然此字应与前面的『絵』为同一字，不知为何二字有异。

〔三〕当，据文义，当作『挡』字。

右手再砍一刀，翻身再砍两刀，往后一抽左手，往上当（挡）一刀，右手往下当（挡）一刀，上步〔砍〕〔一〕头，往后挂一刀，往前照头砍一刀；如后有人扎我头，回头砍一刀；如剳（扎）〔二〕我头，往后挂一刀，往前照头砍一刀；如后有人扎我头，回头砍一刀；如前有人扎我头，当（挡）一刀，照腿砍一刀；如后有人扎我头，回头当（挡）一刀，照腿砍一刀，将刀举起砍一刀；如有人扎我脚，左撩一刀，再搭我脚，右撩一刀，上后腿横砍一刀，反手照头砍一刀。

七路

单凤朝阳下势。左手在上，右手在胯；披扎我心，下手提一刀；彼扎我手，上步提一刀；彼扎我手，上步切一刀；彼扎心，下手再提一刀；彼扎手腿，提手往下当（挡）一刀，上手砍一刀，翻身再砍两刀，前手切两刀，名为『双提金』。

八路

拈肘下势。彼扎我脚，后手往下当（挡）一刀；彼扎我头，双刀一架，左手往下一按后，照腿砍一刀；彼扎我肩，双刀滚身一进，左右手齐砍；彼扎我腿，左手一当（挡），右手上步一砍，复手再砍一刀，名为『二龙戏珠』。

〔一〕砍，据文义所补。

〔二〕剳，此字难以识别，据文义，疑为『扎』字之误。

九路

左搭肩下势。彼扎我右手，双刀齐提；彼如再动我，便一下一上齐砍，名为『两双插花』。

十路

右搭肩下势。彼扎我肘，左手一当（挡），子胥拖鞭；彼扎我脚，左手一提；彼扎我胁，右手上步一砍；彼扎我脚，右手一当（挡），左手往上一扎；彼如压吾道，右腿进步一收，反手一砍，名为『一提金』。

十〔一〕[一]路

怀中抱月下势。如前有人用枪扎我脚，往后采一刀，起枪照手砍一刀；如后有人扎我头，翻身当（挡）一刀落，再怀中又抱月；彼扎我脚，往下当（挡）一刀；如前有人扎我头，当（挡）一刀，落去怀中又抱月，往后点一刀，往前砍一刀，切一刀，此为『春秋刀』，又名『偃月刀』，维有十路。前一路与人单扎，后二路与人双扎，其中有虚有实，有奇有正，有虚虚实实，实奇正正，变化莫测，神妙无穷，熟习精纯，对敌如有不胜者来。【此十路刀势列在下，春秋刀九路后】

春秋刀十路

头一路

提刀下势。彼扎我头，往上崩一刀，砍一刀；彼扎我脚，当（挡）一钻，砍一刀，攻一刀，往上砍一刀，

〔一〕按文中序号，此处似为『十一』。

切一刀。

二路

举刀下势。彼札（扎）〔一〕我脚，率一钻，打一钻，往头砍一刀，照腿砍一刀，收一刀，切一刀。

三路

举刀下势。彼札（扎）我脚，当（挡）一刀，札（扎）一刀，滚身往上砍一刀，往后卦（挂）〔二〕一刀，往头劈一刀，往后再卦（挂）一刀，照头再一刀。

四路

提刀下势。彼扎我头，往上当（挡）一刀，照腿砍一刀，卦（挂）一刀；彼打□□，当（挡）一刀；彼打我腿，当（挡）一钻；彼再打我棍，我打他一钻，收一刀，□□□。

□□（五路）〔三〕

□刀下势。彼扎我□，□一□，砍一刀，打钻滚身，照腿砍一□（刀）〔四〕，□□□，切一刀；彼以枪挂刀，再打一钻，扎一钻，砍一刀；彼以枪挂刀，刀从手下□，取手一刀，砍一刀，切一刀。

〔一〕札，据文义，应为『扎』字之误。后同。

〔二〕卦，古文中通『挂』字。后同。

〔三〕此处缺两字，据其前后格式，应为『五路』。

〔四〕原谱此字模糊，据文义，疑为『刀』字。

六路

并脚举刀下势。彼扎我肚，挑袍，举十字刀一砍，当（挡）一钻，[illegible]〔一〕一钻，砍一刀，挂一刀，往腿砍一刀，收一刀，切一刀。

七路

铜翻□下势。彼扎我膝，左撩一刀，加后腿横砍一刀，当（挡）一钻，滚身往后挂一刀，丢一刀，劈肚探一刀，收一刀，切一刀。

八路

跌门门下势。彼扎我腿，翻身当（挡）一刀，打一钻，扎一钻，收一刀，照头丢一刀，往腿砍一刀，挂一刀，照头砍一刀，往□砍一刀，挂一刀，照腿砍一刀。

九路

提刀下势。如前有人札（扎）我脚，当（挡）一刀；彼□我，提一刀，反手脑后一刀，名为『翻花刀』。

十路

怀中抱月下势。如前有人用枪扎我脚，往后采一刀，起枪，照手砍一刀；如后有人扎我头，翻身当（挡）一刀，落再（在）〔二〕怀中又抱月；彼扎我脚，往下当（挡）一刀，往前扎一刀；如前有人扎我头，当（挡）

〔一〕[illegible]，此字难以识别，待考。

〔二〕再，据文义，应为『在』字之误。

一刀，落去怀中又抱月，往后点一刀，往前砍一刀，切一刀。此为春秋刀，又名『偃月刀』。

维有十路，前一路与人单扎，后二路与人双扎，其中有虚有实，有奇有正，有虚虚实实、实实奇正正，变化莫测，神妙无穷，熟习精纯，对敌如有不胜者来。

关圣提刀上霸桥，白云盖顶逞英豪，上三刀吓死许褚，下三刀惊怕□□。

白猿拖刀往上砍，一朋虎就地飞来。分鬃刀难遮难当（挡），十字□□□胸怀。

翻身一刀往上破，磨腰刀回又盘根。左插花往上急砍，□□□□□□。

五（舞）花撒手往上磨，落在怀中又抱月。率刀翻□往上砍，拉回一举吓人魂。

翻花往右定□□，白云盖顶又转回。插花翻身往上砍，再举主月龙砍死人。

翻花往左定下势，□□盖顶又转回。捶袍翻身猛回头，十字分鬃直搭去。

花刀转下□□□，左右双插谁敢拒。花刀转下跌门拴（栓）〔一〕，卷帘倒退难遮避。

花[illegible]〔二〕刀左右往上砍，十字一刀忙举起。翻身再举龙探水，春秋刀□□□关。

内有常山刀一路，偃月刀一路，四打刀一路，八卦刀一路。路路不□，其中妙术，不可尽述，惟在熟习善悟者得之耳！

〔一〕拴，据文义和清代偏旁『木』和『扌』混写的规律，此字疑为『栓』字。

〔二〕[illegible]，此字难以识别，待考。

花刀六路

头路

撒花盖顶，单鞭势。上后腿，左右撩二刀，十字砍一刀，崩□□，□一刀，取手刀，滚身再□□□，□□□□□□□□〔一〕。

［二路］〔二〕

□马下势。披下砍一刀，□砍一刀，打钻滚身照膝砍一刀，□□□二刀，滚身砍一刀。

三路

撒花□（盖）〔三〕顶，拗手下势。往上崩一□，□□□□□□刀，望上挑一刀，滚身再砍一刀。

四路

撒花盖顶，童子布扇，下□。□□砍一刀，望上挂一刀，望前砍一刀，滚身望腿砍一刀，滚腰再砍一□（刀）〔四〕。

〔一〕因原谱模糊，无法判断此处缺几字。

〔二〕二路，据前后格式所补。

〔三〕原谱此字模糊，据文义，应为『盖』字。

〔四〕原谱此字模糊，据文义，应为『刀』字。

［五］[一]路

撒花盖顶，单鞭势。上后腿，往腿砍一刀，往上崩一刀，滚身望脸丢一刀，砍一刀，滚身再砍一刀。

六路

大砍刀，下势。望下砍一刀，望□上后腿，望脸丢一刀，望后砍一刀，回头往下砍一刀，十字砍一刀，踢一脚，翻身望，撩一刀，抱在怀中再举起。

此刀虽是六路，一路可分［六路］[二]，六六三十六，其中变化无穷。精于此，御敌无有不胜者矣！[三]

〔一〕五，据前后格式所补。

〔二〕六路，据文义所补。

〔三〕原谱中后面还有一幅图，因与前文『五十朝天蹬五起』重复，故校释时删除。

齐天大圣七十二势拳谱

提要

齐天大圣七十二势拳谱，一册，残本，清同治元年（一八六二）抄本。其书体或行或楷，内有多幅拳术插图，扉页右侧题有『同治元年瓜月上浣置』，其左侧『河南省灵宝县陈天禄摹退回原物』字样和封页上的『齐天大圣七十二势拳谱』，为后人所补。此谱于一九八六年由河南人士捐献，然无具体捐献者姓名，现藏于中国武术研究院，院藏编号为G852.19-23。

齐天大圣七十二势拳谱基本由两部分内容组成，前一部分为拳理，内容有身法、气法、五行、八卦之六论及齐天大圣七十二势名目等，然六论的第一论已缺佚，第二论仅存半；后一部分为枪法，辑录了杨家枪法、岳家枪法等，然所记岳家枪法的『六合』，仅有前五合。此谱的齐天大圣七十二势的七十二字诀，配有动作插图十八幅，每幅插图四势，并加简要说明，对后人了解字诀内容不无裨益。另外，运用阴阳五行学说阐释拳理亦是此谱的一个明显特征。谱中文辞文白相间，既有七言、五言韵语，亦有俗言俚语，不少地方还间杂异体字、错别字及误文等，故不少文句难以卒读。

齐天大圣七十二势拳谱影印

齐天大圣七十二势拳谱

清同治元年

同治元年八月上浣 置

河南省吳寶昌

陳天祿募遞回原版

霹雷交加真火動

註 霹雷二字乃於人交手必動將軍逢敵擒賊之怒殺氣直沖霄穴也上下左右變体形

註 言武人不動則靜動則變形也但手足不可輕易發動也

一貫串連似銅鐘

註 言五人能下氣聚足不散者自然身若銅鐘也

身法第三論

面懸鬚真方生胆

註 面懸者頭立眉陡齒咬鬚翹髮直若沖冠之狀又如虎

武神之像也眉皺眼瞟主意真

註 眉一皺肝氣卽隨之肝主筋筋動則怒生眼一瞟心血隨之雄猛之氣驟至矣

鼻落耳側心雄大

註 鼻落者是鼻竅往上撐肺氣隨之聚在一處耳側者眼耳相隨觀他人之身手彼一動手我欲看的清真主意切正自然驟

口動舌笛勇自隨

口動是開口發聲必動丹田真氣舌一縮聲一喊勇自隨矣身
入轉時筋力立
註 身入是身法速進轉移運氣之功筋力自然煉成一塊不散矣
力歸胃脘心脛隨
註 總而言之一身功夫全在胃脘心窩中乃第一不受形處氣最
難到要學向此步功夫須以每早雞鳴時正身仰睡在枕起頭
數次心中自然火之如石
氣入四肢盡屬脾
註 脾通四肢口唇上下此處用功盡屬脾也脾氣不動肺脛不能
隨也乃肺之母也
力入下部腎氣強
註 下部者是脛也足力不住一身盡為無用足乃腎力腎主骨足
用力者以足小指用力蹬之是也
縮身小勢力入地
註 小勢是中下小身法也令用腳根腎氣為主
陰陽者大道理在

註陰陽者神與氣也神色現於面氣力出丹田是也

氣法第四論

陰力量大天蓋地

註陰力者渾身之氣往下追也

陽力量全地載天

註陽力者是渾身之氣往上提也

陰發丹田落柱骨

註陰氣發於臍下即田穴柱骨乃腦後之骨也天庭柱骨往從一追腰目不側煉成鉄桶

陽發命門落顴顱

註陽氣發於命門橫順左右穩如泰山也

陰氣入於順力

註陰者順也氣發丹田再加心氣一動往下一追腳下是个有根的

陽氣落於三朝中

註三朝之氣大冲為上朝鼻凹為中朝鼻準為下朝

陰不耤上陽不藉下
註陰陽二氣各有所主不可相犯
五行盡發四稍中
註五行之氣所生者惟可之四稍則不至也
五行配合五形論
人身五行比天地人有三萬六千毛空週天之度三百六十一骨節天之一度十二節天之十二三十六陽
註人身一小天地也天之四正七十二陰穴地之五日生日月山河土石無不俱備
況跪上下在其中目為日月耳口鼻為主為山血為河肉為大骨為力
註於人交手彼手從下來我用況之者用小指出力從下墜之跪者
彼手上來我用大指從上一挑之全在下部足小指上用力也
五行比依五嶽位鼻為中嶽大居中脾
註五行言金木水火土配合東西南北中應在心肝脾肺腎相生
者勝相尅者敗也骨肉毛髮五行生
註言心主意肝主節脾主皮肺主氣腎主骨各有所主也
八卦第六論人身分依小八卦

註乾為首坤為腹震為足巽為股坎為耳離為目艮為手兌為口是也

心志雄高大者能

註於人交手不可生凝生懼要立志生剛疾快從心令人不及反手也為珠靈動皆為志

註眼珠屬肝肝木一動火即生矣真火生心二目圓睜如疾風暴雷不及避也

四稍快活一盤同

註四稍者手足也心想打人眼手相隨必勝之理也

思量年月平成日

註思想前功何日得成銅頭鉄背之人

再能溫習更精通

註既想精通必得特々加功溫

武藝盤成飛蛇行

註既學此道必得煉成鷹鷂飛空百鳥皆舉之狀也

功夫煉就虎豹形

註靈勇俱出於功夫若不下功勇從何来

上打鷹鷂去採食
註上打者小身洒急變大勢如鷹鷂擒鳥之疾風吹燈燭一般影到成功也
下打滑快似蛇虫
註下打是雙足滑快似蛇虫之毒也
千變萬化心爲主
註能下苦功成自然之氣會通於心任意橫順左右自難得隨機應者變之爲也
意入心竅百住
註意會於心而如風吹花有影無聲耳
天元如氣坎閣通
註天元是天門穴地閣是下頦上陣交手天門往下運地閣往上逕自然面上功夫至矣
陰陽二氣落人中
註一身之氣形色端眉來頭立眉斜眼攝唇恨心俱在人中結聚也
欲知陰陽捲結理
註陰陽是氣也知是明也捲是起動結是起結理是起結之理
風吹林木抖雄威

註 如風樹梢忽揚忽合左右不拘如空中鷹鷂相鬬之勢肝是
主氣居震依肝屬木〻生火〻尅金 木旺於春 東
註 肝爲東方之氣胆氣隨之一身之筋盡從肝胆中發出筋 甲乙遇庚辛不成
生力乙故爲主

脾能統在中央 脾屬土〻生金 金尅木 中 土旺於四季之十八日
註 脾乃中央土也胃氣隨之中氣不足化能統四方之力 戊己於甲乙不成

心主離火神爲化 心屬火〻生土 土尅水 南 火旺於夏
註 心乃南方之火也三進包絡小腸隨之主意全在此處

腎能盈滿〻氣力充 腎屬水〻生木 木尅土 北 水旺於秋冬 壬癸於戊己不成
註 腎乃北方之水也水火有既濟之功心腎 相交

肺爲華蓋統諸氣 肺屬金〻生水 水尅火 西 金旺於秋
註 肺爲諸〻氣之宗大腸隨之 領氣四達也 庚辛於丙丁不成

分部節別是共功
註 古人氣分部若有所司也

學者若會混元意
註 讀謂學者會其微妙處也
那怕他人有奇功
註 學成好手何怕他人手快
秘訣內實精神外下安快見之為好婦奪之似猛
虎布形候氣與神俱往捷若勝兔追形逐影縱
橫往來固不交辯

齊曰 天大聖七十二勢名目。
知點伯花光七合右彌賀手、佛掌勝平章、一動而千
勢。腹內只、進身、天宮轉地裡、入陽起落陰、未出而千
變。萬物巳思心能、望南一柱香、扶地一盃酒、坐談而世力、出
馬一枝花、乱上東風勇千萬。

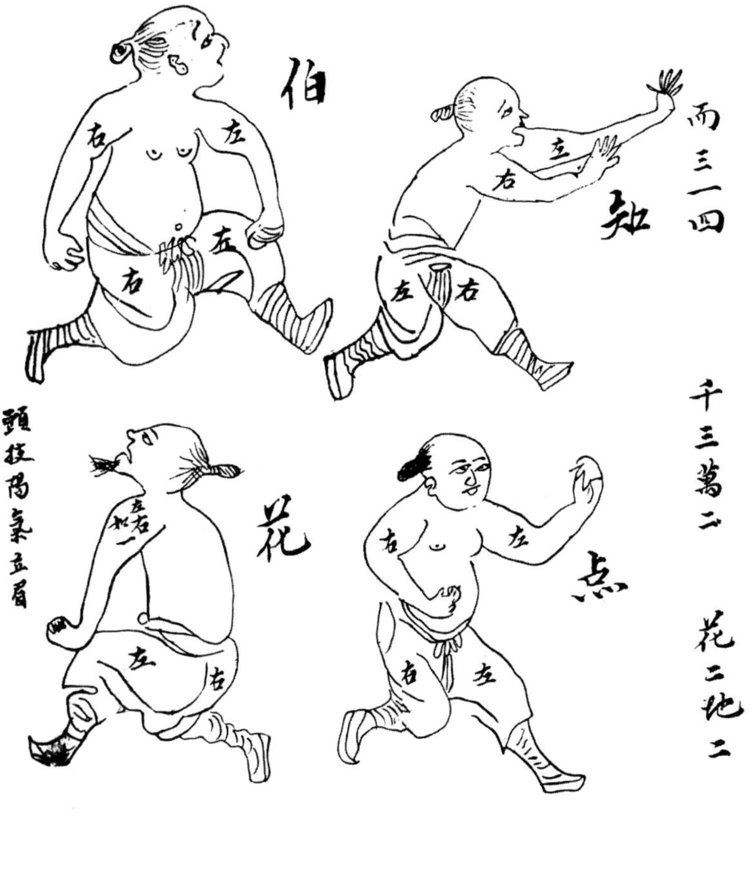

花二地二
千三萬二
而三一四
知
伯
点
花
頭拔陽氣豆眉

右
右
左
右
左
阳拳
左
右
光
右
左
拳
弥
右
左
右
左
令
右
左
右
左

佛
賀
黨
手

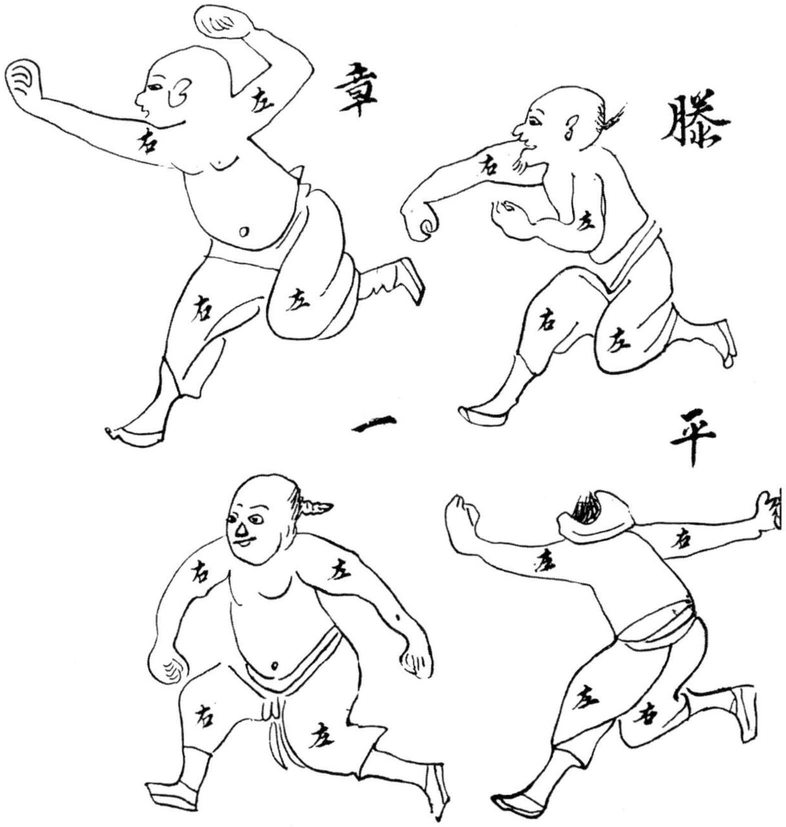
膝
平
章
一

動
而
干
勢

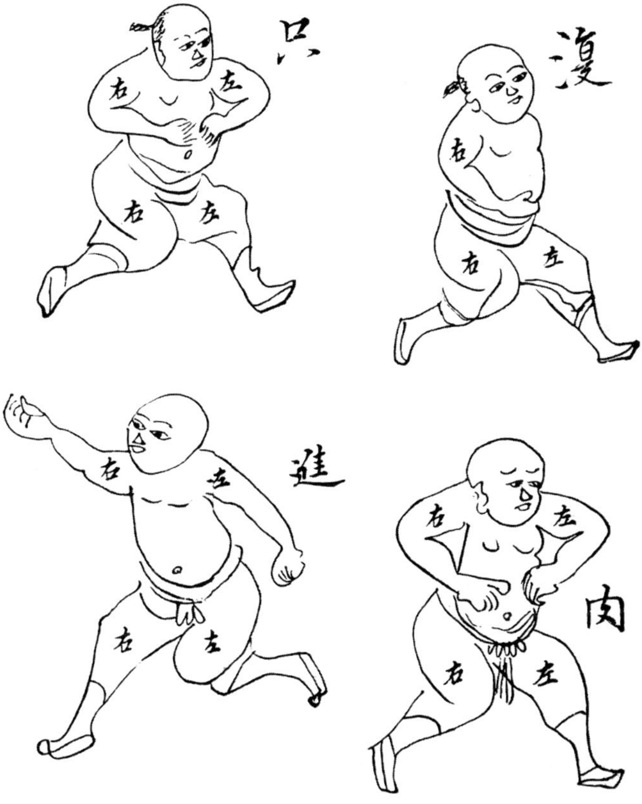
只
復
進
肉

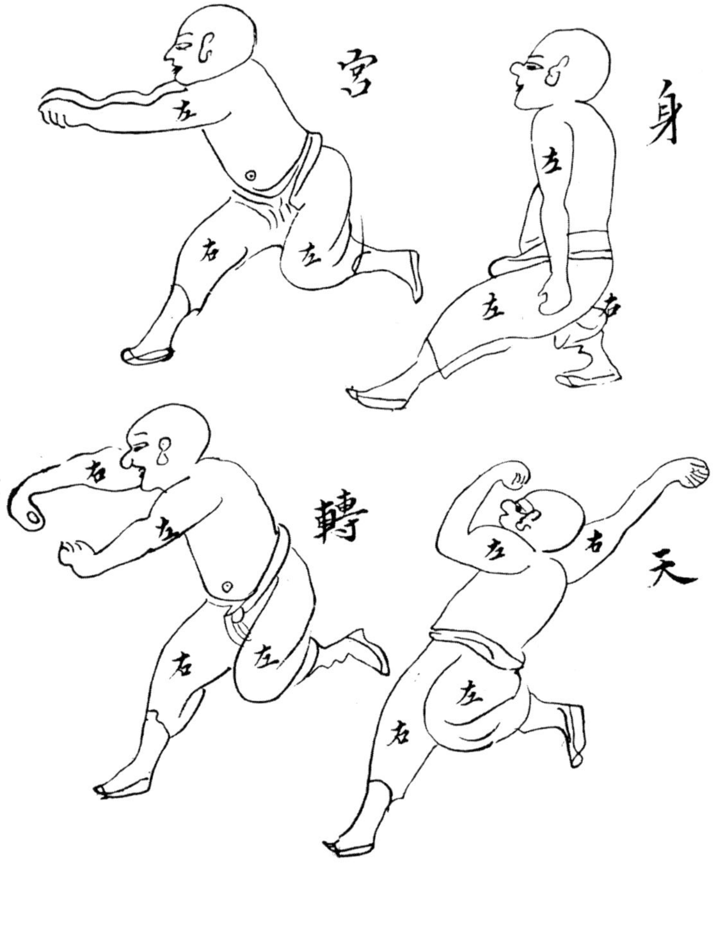
宫
身
轉
天

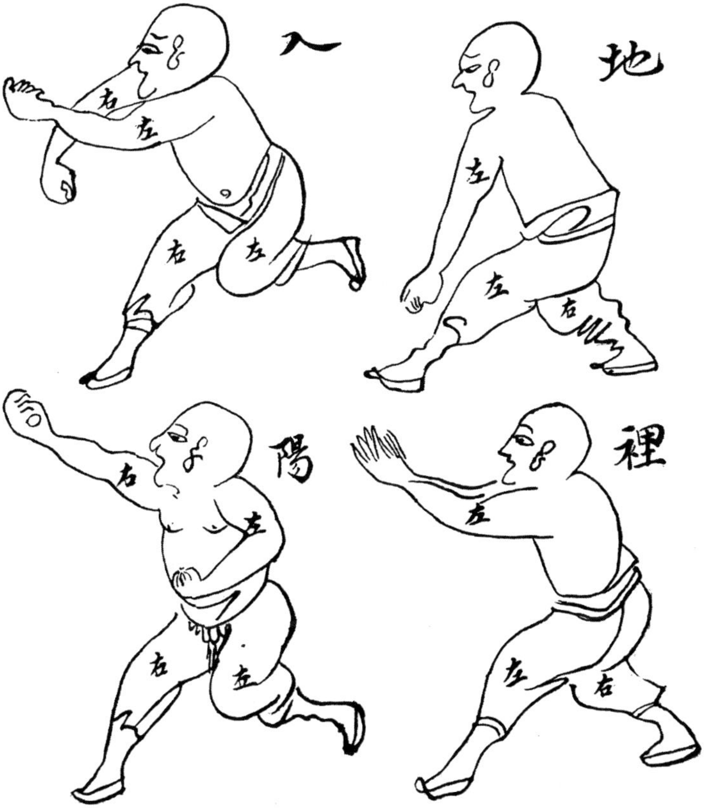
入
地
陽
裡

阴
起
朱
落

千
出
右
左
右
左
右
左
而
右
左
变
左
右
左
左

二一六

南
能
一
望

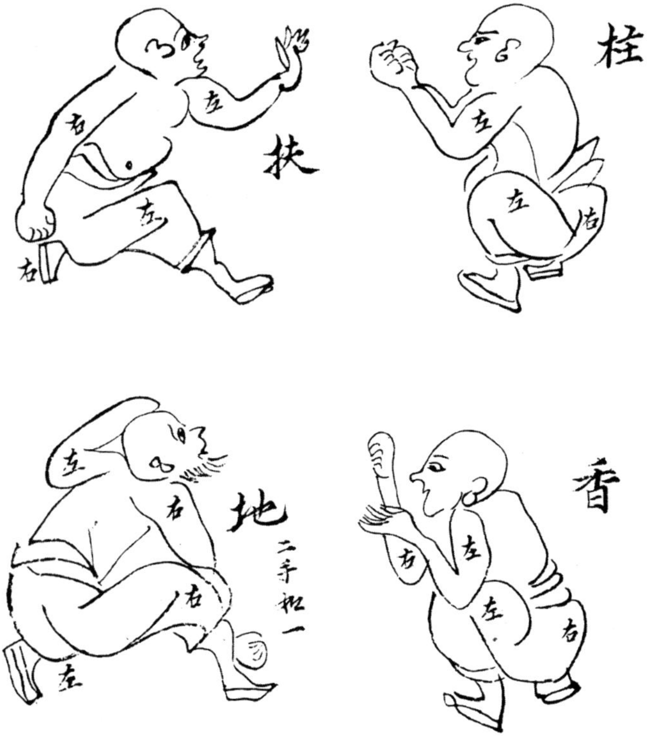

柱
扶
左
右
左
右
左
左
右
香
地
二手扣一
左
右
右
左
右
左
左
右

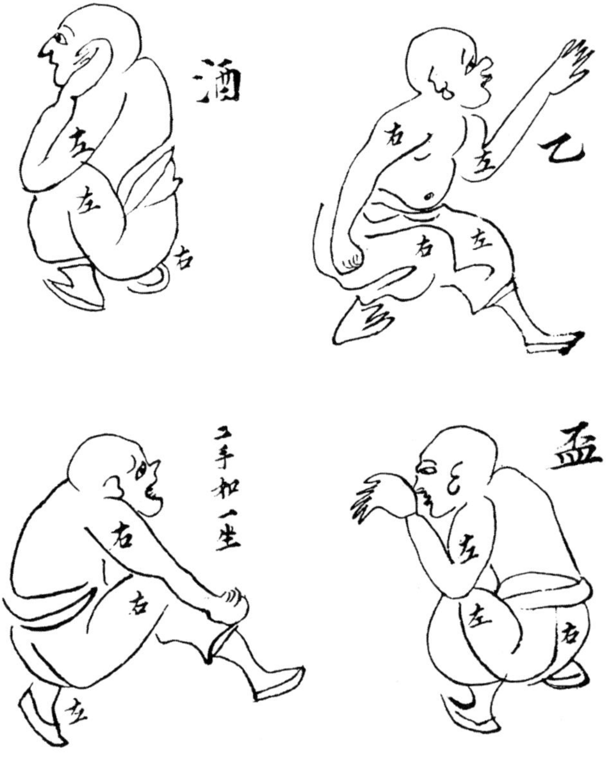
酒
左
左
右
乙
右
左
右
左
二手加一坐
右
右
左
盃
左
左
右

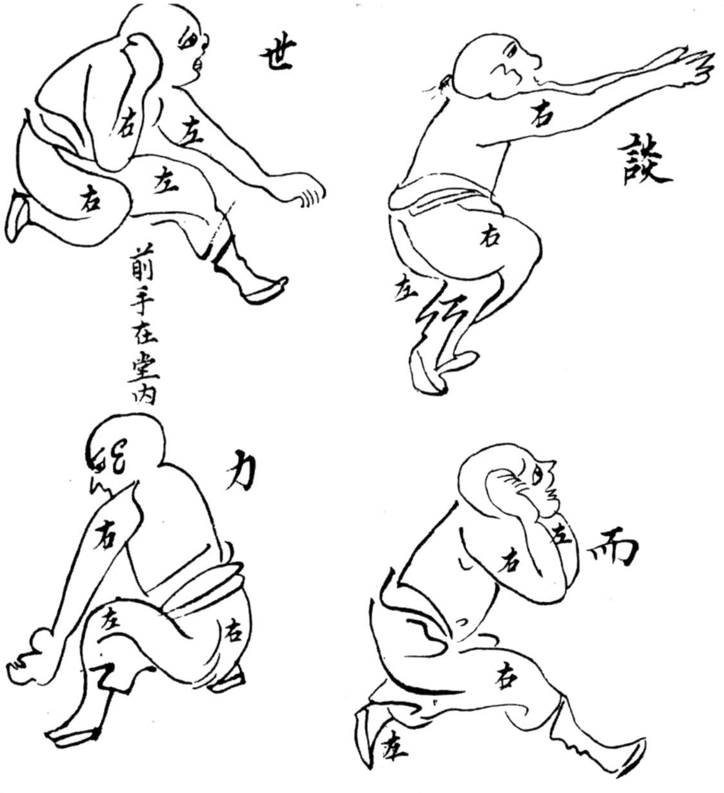
世
右
左
左
右
談
右
右
左
前手在堂内
力
右
左
右
而
右
右
右
左

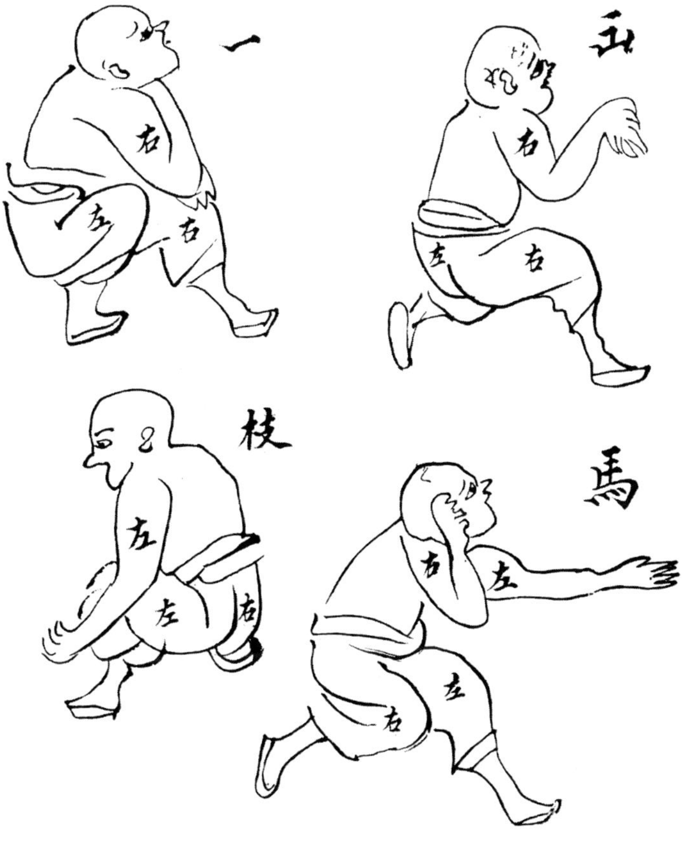
一
右
左
右
右
左
右
枝
左
左
右
馬
右
左
左
右

花
上
右
左
右
左
右
左
左
東
乳
右
左
左
左
右
右
左
右
左

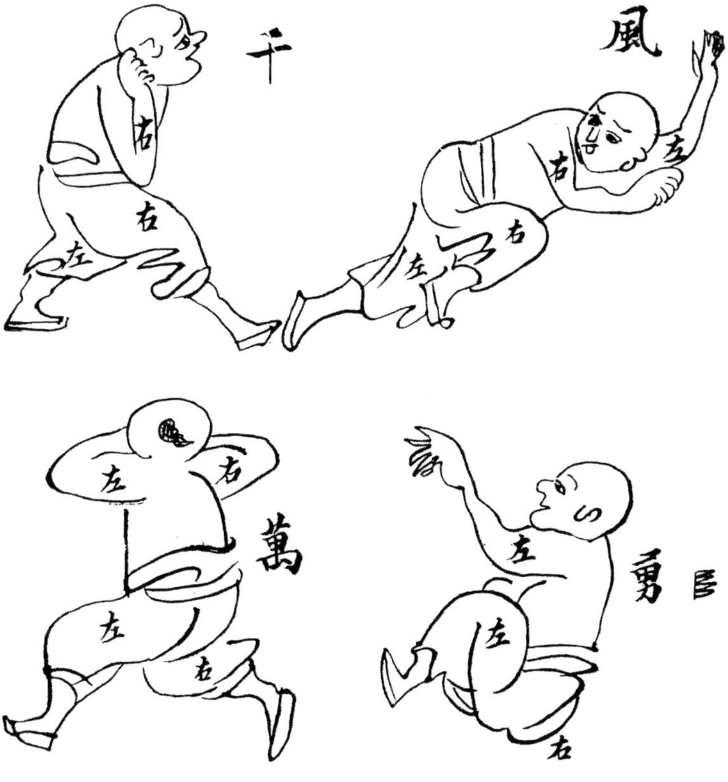
千
風
萬
勇
右
右
左
左
右
右
左
左
右
左
右
左
左
右

楊家鎗法　長槍催合拿𢱉纏劄括

一跌二進三纏四進五退六勝七伏八折女即鎗蓋頭

岳家鎗法

一有拳鎗為母二有逢閉捉拿、三有梨花三點頭、四有金雞独立、五有敗鎗救主。六有高捧底壓。七有撩陰去送。八有死中求活中三路岳家鎗為嵩　○一響而後進〻而後響、分別明白可以語扶矣、　○八母鎗起手　○你劄我〻拏鎗、你劄我〻攔鎗、你劄我脚我顛鎗、你上劄我捉鎗、你不劄我擼鎗、你上劄我捉鎗、你下劄我顛鎗你鎗起我纏攔下你劄我〻拿拏鎗、　○一合　○先有拳鎗為母後有進閉捉拿、梨花擺頭。護救要分明裏把門、外把門、閃賺花鎗、名曰秦王磨旗。我劄你〻拏鎗还鎗、我劄你〻攔不還鎗我、攔鎗你儘頭鎗我點鎗还鎗你劄我〻攔下。閃賺花鎗上、你攔不還鎗。我攔鎗、你劄我儘頭鎗我點鎗。閃賺花鎗上、你拿鎗还鎗。我拿鎗我摇花鎗乃秦王磨旗。　○二合　○先有纏鎗後

有搠鎗黑龍入洞擺頭鼓護閃賺花鎗上各曰鳳點頭我纏鎗
鎗你劄我々擱下还鎗你擱下还鎗我拿鎗你劄我々拿下你起
鎗我隨鎗纏下你鎗我还鎗你拿下还鎗我搠退救護拏你
鎗你劄我々擱下我搖花鎗乃鳳點頭 ○三合 ○先有
穿指後有穿袖鷂子撲鵪鶉救護閃賺花鎗四面是鎗法名曰
白蛇弄風○你劄我々拿下閃賺花鎗上你拿鎗还鎗我拿鎗
你劄我々擱下閃賺花鎗上你擱下还鎗我擱鎗我搖花鎗
乃白蛇弄風 ○四合 ○先有白拿鎗搠退鎗救護後
有白擱進步如猫捉鼠救護閃賺花鎗名曰鐵掃帚
我白拿進步上劄你々拿鎗还鎗我搠退救護拿鎗我
白擱進步上劄你々捉鎗还鎗我白顛進步閃賺花鎗上
劄你々拿鎗还鎗我拿鎗我搖花鎗乃鐵掃帚 ○
五合 ○先有四逢四閉後有死中反活無中生有迎封
接閃賺花鎗名曰撥草尋蛇○你劄我々拿鎗進步劄你
你拿鎗还鎗我拿鎗你劄我々擱鎗進步劄你々擱鎗还鎗

缺页

拳打拳者有氣々用氣」推可令人々仆于腿々下
能傷筋痛骨傾身仆地者有焉彼曰不濟事此曰數丈奚
竟是身如長山之蛇行乎若彼空之飛鳥呼吸奪人空拳刀
虛則忽而實々則突為虛起伏內有開合開合中寓起伏蔑已
即是打人問拳妙成蓋尋遠交寸力左右皆宜揣摩精熟如
四兩能撥千斤可以口授而不可以筆罄可以意會而不可
以言傳也。

齐天大圣七十二势拳谱校释

齐天大圣七十二势拳谱

清同治元年

同治元年瓜月上浣[一]置

河南省灵宝县陈天禄摹退回原物

霹雷交加真火动。注：霹雷二字乃于人交手必动，将军逢敌擒贼之怒，杀气直冲窠穴也。

上下左右变体形。注：言武人不动则静，动则变形也，但手足不可轻易发动也。

一贯串连似铜钟。注：言五（武）[二]人能下气聚足不散者，自然身若铜钟也。

身法弟（第）[三]三论

面悬发真□在胆。注：面悬者头立眉陡，齿兑须朝发直，若冲冠之状，又如□□。

武神之像也，眉皱眼瞟主意真。注：眉一皱肝气即随之，肝主筋，筋动则怒生，眼一瞟心血随之，

[一] 瓜月，为农历七月。上浣，为每月的上旬。

[二] 五，据文义，应为『武』字之误。

[三] 弟，据文义，当作『第』字。

雄猛之气骤至矣。

鼻落耳侧心雄大。注：鼻落者是鼻窍往上撑，肺气随之聚在一处，耳侧者眼耳相随，观他人之身手，彼一动手，我欲看的清爽，主意切正自〈自〉[一]然聚胜。

口动舌苗勇自随。注：口动是开口发声，必动丹田真气，舌一缩声一喊，勇自随矣。

身入转时筋力立。注：身入是身法速进、转移、运气之功，筋力自然炼（练）[二]成一块不散矣。

力归胃腕（脘）[三]心胫（经）[四]随。注：总而言之，一身功夫全在胃腕（脘）心窝中，乃第一不受形处，气最难到，要学此步功夫，须以每早鸡鸣时正身仰睡，在枕起头数次，心中自然久之如石。

气入四肢尽属脾。注：脾通四肢、口唇上下，此处用功尽属脾也，脾气不动，肺胫（经）不能随也，乃肺之母也。

力入下部肾气强。注：下部者是胫（经）也，足力不住，一身尽为无用，足乃肾力，肾主骨，足用力者以足小指（趾）[五]用力蹽之是也。

〔一〕自，据文义，应为衍文。
〔二〕炼，据文义，当作『练』字。后同。
〔三〕腕，据文义，应为『脘』字之误。后同。
〔四〕胫，据文义，应为『经』字之误。后同。
〔五〕指，据文义，当作『趾』字。后同。

缩身小势力入地。注：小势是中下小身法也，令用脚根（跟）〔一〕，肾气为主。

阴阳者大道理在。注：阴阳者神与气也，神色现于面，气力出丹田是也。

气法第四论

阴力量大天盖地。注：阴力者浑身之气往下追（坠）〔二〕也。

阳力量全地载天。注：阳力者是浑身之气往上提也。

阴发丹田落柱骨。注：阴气发于脐下，即田穴。柱骨乃脑后之骨也，天庭柱骨往后一追，脸目不侧炼（练）成铁桶。

阳发命门落[illegible]〔三〕。注：阳拳发于命门，横顺左右稳如泰山也。

阴气入于顺力。注：阴者顺也，气发丹田，再加心气一动，往下一追（坠），脚下是个有根的。

阳气落于三朝中。注：三朝之气大冲为上朝，鼻凹为中朝，鼻隼为下朝。

阴不转上阳不转下。注：阴阳二气各有所主，不可相犯。

五行尽发四稍（梢）〔四〕中。注：五行之气所生者，顺可之，四稍（梢）则不至也。

〔一〕根，据文义，当作『跟』字。

〔二〕追，据文义，应为『坠』字之误。后同。

〔三〕[illegible]，疑为『额头』。

〔四〕稍，据文义，当作『梢』字。后同。

五行配合五形论

人身五行比天地【人有三万六千毛空（孔）[一]，周天之度三百六十一骨节，天之一度十二节，天之十二三十六阳】。注：人身一小天地也【天之罡七十二阴穴，地之一五日生日月，山河土石无不俱备】。

沉驼上下在其中【目为日月，耳口鼻为主为山，血为河，肉为土，骨为力】。注：于人交手，彼手从下来，我用沉沉者用小指出力往下压之，驼者彼手上来，我用大指往上一挑之，全在下部足小指（趾）上用力也。

五行比作五岳位，鼻为中岳，大居中脾。注：五行言金木水火土，配合东西南北中，应在心肝脾肺肾，相生者胜相克者败也。

骨肉毛发五行生。注：言心主意，肝主节（筋）[二]，脾主皮，肺主气，肾主骨，各有所主也。

八卦第六论

人身分作小八卦。注：乾为首，坤为腹，震为足，巽为股，坎为耳，离为目，艮为手，兑为口是也。

心志雄高大者能。注：于人交手不可生凝（疑）[三]生惧，要立志生刚，疾快从心，令人不及反手也。

〔一〕空，据文义，当作『孔』字。
〔二〕节，据文义，应为『筋』字之误。
〔三〕凝，据文义，应为『疑』字之误。

乌珠灵动皆为志。注：眼珠属肝，肝木一动，火即生矣，真火生心，二目圆睁如疾风，暴雷不及避也。

四稍（梢）快活一盘同。注：四稍（梢）者，手足也，心想打人，眼手相随，必胜之理也。

思量年月平成日。注：思想前功，何日得成铜头铁背之人。

再能温习更精通。注：既想精通，必得时时加功温。

武艺盘成飞蛇行。注：既学此道，必得炼（练）成鹰鹞飞空、百鸟皆擎之状也。

功夫炼（练）就虎豹形。注：灵勇俱出于功夫，若不下功，勇从何来。

上打鹰鹞去采食。注：上打者小身，酒急变大，势如鹰鹞擒鸟之疾、风吹灯烛一般，影到成功也。

下打滑快似蛇虫。注：下打是双足滑，快似蛇虫之毒也。

千变万化心为主。注：能下若功成自然之气，会通于心，任意横顺，左右自得，随机应变之为也。

意入心窍百住。注：意会于心而如风吹花，有影无声耳。

天元如气坎（地）〔一〕阁迎。注：天元是天门穴，地阁是下颏，上阵交手天门往下运，地阁往上取，自然面上功夫至矣。

阴阳二气落人中。注：一身之气形色端，眉来头立，眉斜眼摄，唇恨心，俱在人中结𩬊〔二〕也。

欲知阴阳转结理。注：阴阳是气也，知是明也，转是起动，结是起结，理是起结之理。

〔一〕坎，据文义，应为『地』字之误。

〔二〕𩬊，此字难以识别，待考。

风吹林木抖雄威。注：如风树稍（梢）忽杨（扬）〔一〕忽合，左右不拘，如空中鹰鹞相斗之势。

肝是主气居震依，肝属木，木生火，火克金【木旺于春，甲乙遇庚心（辛）〔二〕不成】，东。注：肝为东方之气，胆气随之，一身之筋尽从肝胆中发出，筋生力乙故为主。

脾能统在中央，脾属土，土生金【土旺于四季之十八日】，金克木，中。注：脾乃中央土也，胃气随之，中气不足化【戊己于甲乙不成】能统四方之力。

心主离火神为化，心属火【火旺于夏】，火生土，土克水，南。注：心乃南方之火也，三进包猪（肚）〔三〕，小肠随之，主意全在此处。

肾能盈满气力充，肾属水【水旺于秋冬】，水生木，木克土，北。注：肾乃北方之水也，水火有既济之功【壬癸于戊己不成】，心肾相交。

肺为华盖统诸气，肺属金【金旺于秋】，金生水，水克火，西。注：肺为诸气之宗，大肠随之【庚辛于丙丁不成，领气四达也】。

分部节别是共功。注：□气分部若有所司也。

学者若会混元意。注：读谓学者会其微妙处也。

〔一〕杨，据清代俗字偏旁混用现象，疑为『扬』字之误。

〔二〕心，据文义，应为『辛』字之误。

〔三〕猪，据文义，应为『肚』字之误。

那（哪）〔一〕怕他人有奇功。注：学成好手何怕他人乎〈佚〉〔二〕。秘诀内实，精神外下，安〈央〉〔三〕见之为好妇，夺之似猛虎，布形候气，与神俱往，捷若胜（腾）〔四〕兔，追形还影，纵横往来固不交瞬。

齐天大圣七十二势名目

知点伯花光，令右弥贺手，佛掌滕平章，一动而千势，腹肉只进身，天宫转地里，入阳起落阴，未出而千变，万物巳心能，望南一柱（炷）〔五〕香，扶地一杯酒，坐谈而世力，出马一枝花，乳上东风勇千万。

〔一〕那，据文义，当作『哪』字。

〔二〕佚，据文义，应为衍文。

〔三〕央，据文义，应为衍文。

〔四〕胜，据文义，应为『腾』字之误。

〔五〕柱，据文义，应为『炷』字之误。

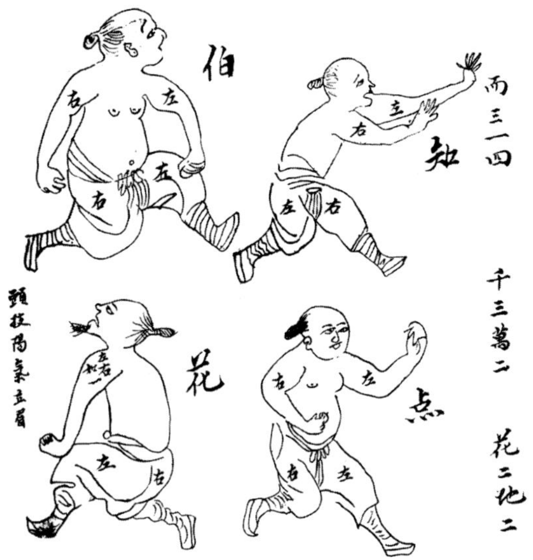
伯
知
而三一四
頸拉陽氣立眉
花
点
千三萬二
花二地二

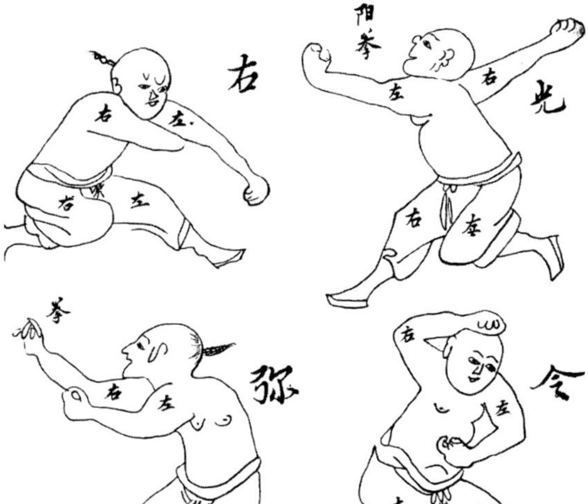
右
阳拳
光
拳
弥
令

〔一〕

〔一〕图中用字与前文用字稍有不同，为保持图中原貌，未作改动。后同。

千
動
而
勢

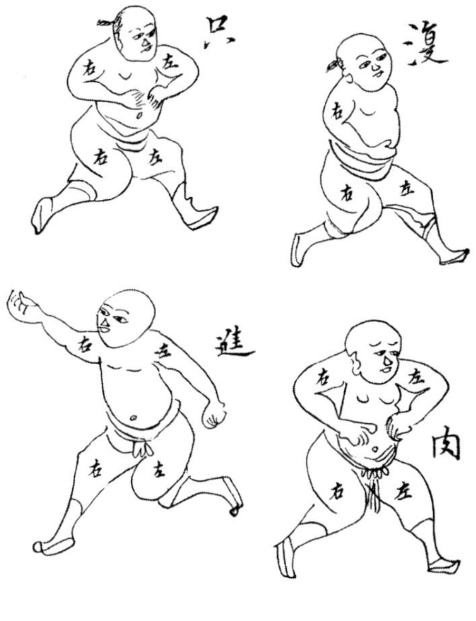
只
復
進
肉

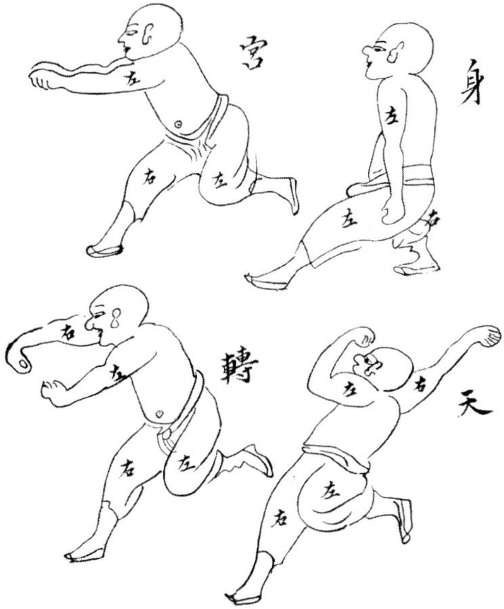
宮
身
轉
天

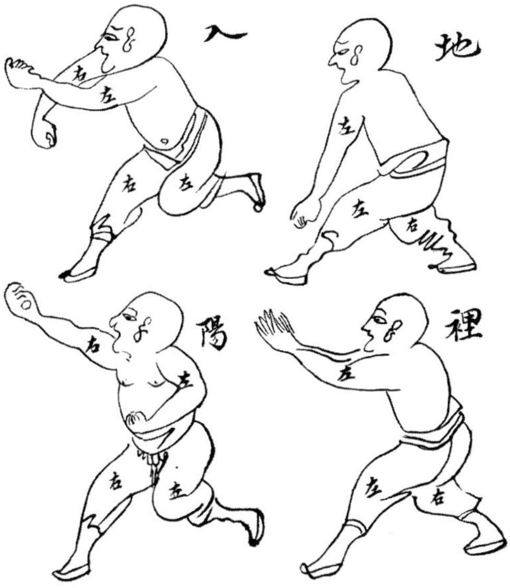
入
地
陽
裡

起
閉
落
朱

出
千
而
变

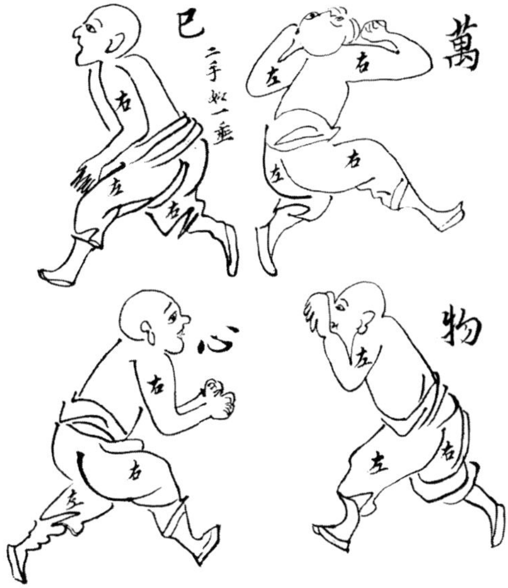
萬
物
已
二手如一垂
心

能
望
南
一

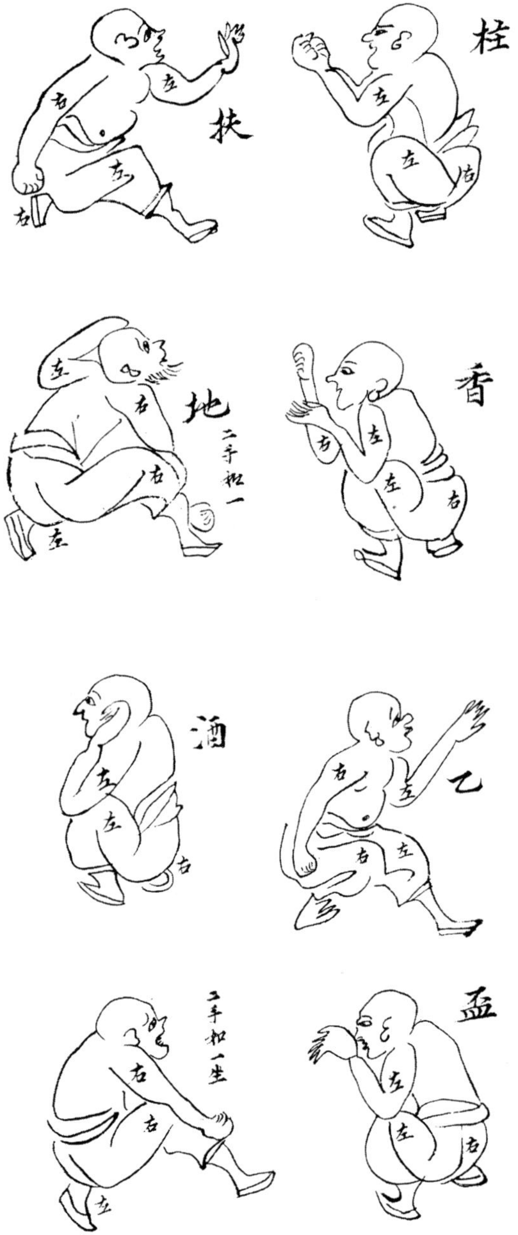
扶
柱
地
二手扣一
香
酒
乙
二手扣一坐
盃

談

世
前手在堂内

而

力

玉

一

馬

枝

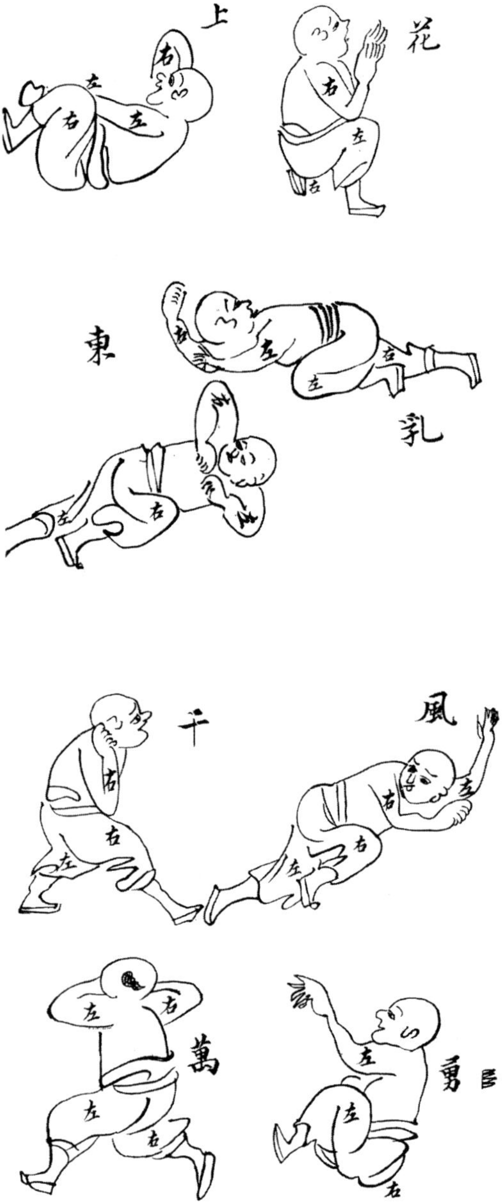
上
花
東
乳
干
風
萬
勇

杨家枪法【丢持催合拿剑缠制括】

一跌二进三缠四进五退六胯七伏八折女郎枪盖头。

岳家枪法

一有拳枪为母，二有逢（封）〔一〕闭捉拿，三有梨花三点头，四有金鸡独立，五有败枪救主，六有高捧底压，七有撩阴去送，八有死中求活。中三路岳家枪为母。

一响而后进，进而后响，分别明白，可以语扶矣。

八母枪起手

你札（扎）〔二〕我我拿枪，你札（扎）我我拦枪，你札（扎）我脚我颠枪，你上札（扎）我捉枪，你下札（扎）我撸枪，你上札（扎）我捉枪，你下札（扎）我颠枪，你枪起我缠拦下，你札（扎）我我拿〈拿〉〔三〕枪。

一合

先有拳枪为母，后有逢（封）闭捉拿，梨花摆头，护救要分明，里把门，外把门，闪赚花枪，名

〔一〕逢，二〇〇六年山西科学技术出版社出版、程宗猷所著的少林棍法阐宗作『封』字，当是。后同。

〔二〕札，据文义，应为『扎』字之误。后同。

〔三〕拿，据文义，应为衍文。

曰秦王磨旗，我札（扎）你，你拿枪还枪，我札（扎）你你拦下还枪，我拦枪，你尽头枪，我点枪还枪，你札（扎）我我拦下，闪赚花枪上，你拦下还枪，我拦枪，你札（扎）我尽头枪，我点枪，闪赚花枪上，你拿枪还枪，我拿枪，我摇花枪，乃秦王磨旗。

二合

先有缠枪，后有拦枪，黑龙入洞，摆头救护，闪赚花枪上，名曰凤点头，我缠你枪，你札（扎）我，我拦下还枪，你拦下还枪，我拿枪，你札（扎）我，我拿下，你起枪，我随枪，缠下你枪我还枪，你拿下还枪，我掤退救护拿你枪，你札（扎）我，我拦下，我摇花枪，乃凤点头。

三合

先有穿指，后有穿袖，鹞子扑鹌鹑救护，闪赚花枪，四面是枪法，名曰白蛇弄风。你札（扎）我我拿下，闪赚花枪上，你拿枪还枪，我拿枪，你札（扎）我，我拦下，闪赚花枪上，你拦下还枪，我拦枪，我摇花枪，乃白蛇弄风。

四合

先有白拿枪、掤退枪救护，后有白拦进步，如猫捉鼠救护，闪赚花枪，名曰铁扫帚。我白拿进步上札（扎）你，你拿枪还枪，我掤退救护拿枪，我白拦进步上札（扎）你，你捉枪还枪，我白颠进步，闪赚花枪上札（扎）你，你拿枪还枪，我拿枪，我摇花枪，乃铁扫帚。

五合

先有四逢（封）四闭，后有死中反活，无中生有，迎封接闪赚花枪，名曰拨草寻蛇。你札（扎）我，我拿枪进步札（扎）你，你拿枪还枪，我拿枪，你札（扎）我，我拦枪进步札（扎）你，你拦枪还枪……〔一〕其巧□者有□或用□□推可令□□□于□□□□〔二〕，能伤筋痛骨，倾身仆地者有焉，彼曰不济事，此曰软交拳，竟是身如长山之蛇行，手若彼空之飞鸟，呼吸夺人空拳刀，虚则忽而实，实则突为虚，起伏内有开合，开合中寓起伏，护巳（己）〔三〕即是打人，闪拳妙成，盖势远交，寸力左右皆宜，揣摩精熟如四两能拨千斤，可以口授而不可以笔罄，可以意会而不可以言传也。

〔一〕原谱此后缺一页。

〔二〕因原谱模糊，无法判断此处缺几字。

〔三〕巳，据文义，应为『己』字之误。

岳家打诀

提要

岳家打诀，一册，抄写者为李申桂，其生平事迹不详，捐献者为湖北省蕲春县退休干部占绍裘。此谱现藏于中国武术研究院，院藏编号为G852.19-59。

此谱无版框，行楷抄写，每页八行，文本多有修改之处。从序文『朝廷』『为宦』『拜相』『封侯』等用词以及行文风格判断，此谱应为清代抄本。谱中虽云其拳源起『岳武穆王演八法势行于世人』，然并未过多神化，并且此谱清楚记述了此拳秘诀由先师刘寰池『后传杨爱庭，后传舒必亮，至于吴先攀、鲁得青、吕致和』四辈的谱系传承脉络。

岳家打诀的内容，先是两篇序文，之后是有关岳家拳的手法、身法、步法、打法技艺以及岳家八法注释等内容，包括立步出手、八法注释、十八法注释、十五空练法、子午方向全图、立步诀法、进步诀法、肘子诀法、肩尖诀法、彪手十二字诀、五法诀、又练彪手劲法、八法手势。其中，十五空练法尤为精要。

值得指出的是，此谱非常强调习练者的武德，诸如『不过学打以养性，以防身』『奸匪莫教，懦弱可传』『奸顽凶匪，弗许轻传』等文句，通篇可见。另外，谱中有些术语，由于时代的原因今人已难以理解，还有些词语可能是按地方语谐音所写，故在一定程度上妨碍了对全文内容的校读。

岳家打诀影印

岳家打诀

李申桂书

岳家打诀目录

八法手势

终

序

盖闻文武二字皆世人动静之要事，岂可不习乎、何则、彼以朝廷之文、为官、为宦、为丞、拜相、彼以国家之武、封王、封督、封帅、封侯、虽然文武可得、亦由命理所载、彼以乡党之文、书简、契字、合约、文词、提笔无所不晓、无所不通、於是孰不钦仰、孰不夸奖、彼以邻里之武、手步精通、动法刚柔、舒起无

鬱

所不至、无所不知。谁不称赞、谁不遵传、又曰难矣、彼以豪富之家、弃文而懒弃武而懒专、贫穷之家、学文而半途、学武而废矣、困鬱无聊之室、想文不能诵、想武不能操、讵不两难哉、又云心坚天下无难事、劝学百艺将防身、盖学打之人、专练手法脚步、周身之动、以打人非也、不过学打以养性、以防身、虽是防身之际、告学者、各慎其心、奸匪莫敬，懦弱可傍，进坊以观其色，出坊以听其音，取财要以功取，不可自作聪明，生手以盗人钱也，凡学打之人，敬师如敬亲。要精练功成，早要练习动步，晚要操演手功。凡与人比手，休得容情，如若容情，损了自身，坏了自名，谓之懦夫，若与师盗手，不可因心怨有年迈之师，血弱而劲松，切不可有伤师之情，学者记之记之，虽然文武如此，为人何可不习乎。

三门五法共为八法势序

岳武穆王演八法势行于世人，其中妙用，盖人身心甚大，然必文人弱士，方为秘授，奸顽凶匪，弗许轻传，非吝术也，盖人有君子小人之分，传有邪正吉凶之异，传之君子，只以护身防险，传之小人，如虎添翼，并害人不浅，昔者公常言曰，入吾门觉者，皆俊秀之英，以艺为贵，不以艺为能，而以量为能者，此人吾所钦也。彼徒特其猛勇之气，不明技术之妙，一经争斗，动辄倾跌，此人不但不能胜人也，吾恐其有危命之患焉。夫君子之学，贵于自反，而横逆之加，亦所时有，则心平其气自和，吾知以逸待劳，逆来顺取，偏来正应，乘之以虚，推之以即，来有踪形，去无形迹，其中妙用，端夺天机。

立步出手

後膝略湾前膝鬆。不丁不八不濶分。

进步熟練立樁稳。双眼緊緊窥其胸。

齐手出擒休怕怯。（手）既黏身时步亦從。

手既粘身须半劲。动则急拖可抢功。

出手最嫌肩用力。轻粘随手任西东。

身法端正莫勉强。规模二字要精融。

四肢劲筋俱沉紧。手出步履两相需。

提（提）足先当无畏惧。濡滞行来难就成功

立定脚跟为準则。上下左右关顾宜。

任彼躲闪随手变。虚中寻实在心机。

欲其去之能浮力。全在小掌一点奇。

逼搀全凸无遏（过）顺。手中浮缺舒畅随。

搀中变扦随手发。扦中变搀转换之。

餘工妙用爰文士。须识潇洒与脱离。

八法註释 三门五法共为八法势

手随腿边起。肩往下沉，手劲搭起。对胸出手，他变我跟。

侧身步轻移，侧身出步，轻如猫行，不可踏实，实难变移。

藏势弯左膝，左膝略弯，身实在左，右边手足，活变自然。

缠软近沿渠，手迟出手，身轻如麻，任彼凶恶，方辗接而粘。

缠粘急推吐。方缠粘着，吐如风，似箭离弦，方为妙用。

消肩不可迟，粘外起推，消肩直腕，盖身相近，切莫迟延。

内来援回救，他取我内，回手救之。随来变机方向自然。

外进夺相随，取我外关，回势即夺，手足全进。勿势步前。

顺势牵如带。来势猛勇尽力向前、顺借其力、随向可牵、

擒搁捺真推。擒我手、搁砍拨开、搂搂搁捺、紧直推栽、

逼彼猛勇势。将起兜势、粘逼向前、滞死其力、阻其活变、

吞吸力最奇。拨搁截砍、欲断我手、将靠即吸、毫忽不爽、

十八法注释

太极、一身由（犹）太极、两足立根基。

阔窄因长短、如山不可移。

阴阳、身躯三转摺、上下分阴阳。

子午、动静观前后。
以何是子午。
两肩并两膝。
浮沉、浮以云出岫。
左右常观顾。
吞吐、吞身以鹤宿。
撞鼓随风入。
圆滚、出手刚柔济。

砥柱铁石椿。
头足对针锋。
上下总相合。
沉似石投江。
坐腿把阴藏。
出手蟒蛇奔。
轻重左右分。
摇铃肘脉圆。

寻推、

粘衣将滚浪。

寻风挨手进。

直软将柔制。

抖落、

抖擎将奔掌。

敌势将身?。

进退、

欲知进与退。

进可追三步。

封闭、

门户牢关锁。

贴肉就生根。

筋脉要流通。

推塞必须防。

托搭亦皆然。

闪落看中偏。

退败敌多集。

退一不能移。

双锋对势冲。

机针将动外。
出手防牵制。
粘身即肘落。
扦煞势必枪。
挨身牢留步。
摸搭势必猿。
双分似劐腹。
拨撒看偏正。

发手若春雷。
翻腾切莫迟。
靠膝在挪移。
抛枪切莫防。
吸靠莫离椿。
迎风直入膛。
摸搭要松椿。
门开任恣行。

上中下三部。手到定分明。

援夺（引）、
敌势偏锋进。援开左右防。

引来须串出、切莫自松椿。

抛托、
此法两家全，坐椿不可松、

最嫌肩着力、扭搭翻成功。

抬搁、
敌手以枪入。左遮右抬搁。

吐纳
跟踪（踪）防偏手。反手照石还。

擒拿、
擒拿须认穴。探骨印痠（酸）麻。

其中真妙诀　步闲莫教他。

十五空练法

一空练、必沉肩、磨两肩力、两手略曲、推时即直、两手自长切莫随忽而往之、

二空练、须想共对心打来、我即让其拳他变、我即跟逼进步、对向而推之、

三空练、须想像有人立吾面前一般、牵手相近缠粘共身、势滞吸逼、週身和软、两手以

箭上弦、推时即緊直、四势全发、似挂帆之船走一般、

四空练、要想起、内来用援法、外来用夺法、粘而分推之

五空练、要想上中下三部、高低进取、勿作无风无形之形、

六空练、要想方向、或左或右、或横或直、随向进步而取之、

七空练、脚宜直、脚尖不可浮、膝莫提高、防人穿之、

八空练、想我推时、彼随时步变而取之、

九空练、想他搁开我手、或拨或抬、捺定虚实、对向而推之、

十空练、须想彼来如虎、我既逼其虚势、轻而粘之、

十一空练、如举举手出去、要想其外、左单擒右单擒、双手擒、分法而取之、

十三空练，须想上下週身人不可粘粘，跟对面而推之，

十四空练，想他尽力随身打来，借他之吃劲，顺而摩之。

十五空练，要想身势，手足疾快如风，身轻脚便，无有阻滞方妙，

十二空练，要想其内，左单擒，右单擒，双手擒，各分法而取之，

子午方向全图

立子向午、
内接卯辰
巳宫、外孝
未申酉宫、
顺戌方、
牵亥方、

又法诀

双手软起步今移。左靨胸膛右对騎。

手未粘身休用力。搀摧疾吐切莫迟。

内外两门上中下。跟随彼胸莫放离。

外来上召伤耳项。右手横挑在雁骑。

腰肋之外彼来攻。落身进步对胸冲。

彼又擒拿 双单手。取芵手脚自然松。

拔搁截砍手略归。相争手足一全追。

我手或然被砍落。本手复发急相推。
捞足擒腿彼势兇。落身进步对胸冲。
下地落膝捞擒去。双手推托去无踪。
内伤右目又急回。反手吐出任掌推。
左手往下捺亦可。本手复发急相推。
彼我同门也抡胸。双手横推可抡功。
若还发手不多远。反手补发疾如风。
拔攔截砍双单擒。照外用法好施行。

撈足擒腿皆合样。須要解手取内门。
一十八手同练就。临（何）时取用随所宜。
△
先师刘寰池秘诀、后传杨爱（發）庭、后传舒必
亮、至于吴先樊、鲁得青、吕致和、

又法诀

势狐疑为害，韬畧定必赢、一要促、二要练、三
要打人心不善、起手要垂、落手莫轻、手似
眼、脚似睛、进步要紧、退步畧松、紧不离分

毫鬆不离㪚寸、身怕歪、腰怕湾、膝怕起、肘怕露、膝起被人跌、肘露被人擒、身歪步不穩、腰湾劲必鬆、凢以快接為妙也、

立步诀法

立步須如泰山、两足爬地、势劲立猛、身如

（豎）蹬石立壁、使敌人不能摇撼（动）、脚步（则）履丁不丁、八不八、最宜坐胯、诀法不要愁、只怕湾腰（歪脚）坐胯矮一头、又云、身不离坐胯、最怕露肘

湾腰着身歪脚吊，虽有神力，亦无恃也。其中皆有至理存焉。诀云：牵手以对垒，不比此着与人动手，不可苟且，心要定，以胆为先，能可伤情，不可顺情，以顺情者，损了自身，坏了自名，谓之懦夫，慎之慎之。以快捷为妙，以肩庄为主，手要从怀中而出，不可撞腰，打松动手，皆要用身之力也。

进步诀法

进步要紧（迸一跌人、）、退步要松、莫仃留、我用擒拿手

兼推裹、勾拨相连、护自身、诀云、见空不进、

以瞎眼人行路、若依口诀、有打有跌、不依口

诀、随手丢别、起手要有紧路、进打要有步路、

无路被人打、无步被人跌、越进越紧、要上

封下闭、进一步、跌一丈、先（路）到为赢也、又行家

与我须要、手不离坐吼、足不离坐胯、手法

脚步、以左右肩庄为主、又云、脚步无乱进、

进则必跌、手法无妄动，动则必打、足步手法、决不可轻牵、身法吞松，取虚必胜、

肘子诀法

死与硬肘似铁、专打气和血、切莫当心打、恐人气不接。凡肘子之法、当打人左右两膀、切不可打平人心窝、诀云、步打赶打、赶打步、宜用慎心拳、步打步、要用掩心拳、步打、脚步要稳、赶打、脚步要松、步打步法松步、不能

敌人也。又云，封闭宜煞，推裹宜紧，封闭不
煞，不得诀法，推裹不紧，惧了自身。又云，
牵手如风过，使敌不可拒（挡），起手如放炮，使
敌不敢及，手（防）不露七孔也，后手要护前手之手，
以防敌人迎风铁扇（掌）也，然护前手之手，不
可露肘，若露肘，被人擒，万难救矣。

乚、肩尖诀法

肩尖要对脚尖，进一步，跌一边，用此势封

手衛、脚、步不离坐胯、诀云、肩庄进一步可勤蛮汉路、学打蛮要蛮、蛮到艾间果是之难、若问、依理真、口诀、蛮是練长也无难、又云、被他人打入我中门、肩尖最要对人心、侧门要靠人之乱使人肩尖不能入侧门肩庄进步、无不合理、斉手莫节打、节打必有假、必要心大胆壮、先到为赢也、又云、作打无师、终身有惧、学打练精通、动手方见功进打无主忘神效也是空、学打投明师、讲真口诀、方可授教家、教得明心缩不赢、人家来得快塞肘紧提防、奸邪不可教、切记不宜忘、记之记之、

彪手十二字诀

挽、摧、援、夺、抛、托、扞、杀、吞、吐、浮、沉、练彪手十二字、练出五关、五劲、五法、手、方可效也、打彪出手、不宜肩着力、左雇胸膛右出彪、十

打九无影、先提腰劲后、出彪、凡出手、先要坐定后脚之劲、后脚曲曲、前脚探探、好似月里偷花、两手全行上半步、凡彪手吃手带彪劲擎进去、提动右肩、摆动左脚、出手火炮连天、转手蟒蛇、窜龟、右手头关指右肩、他左边发手、即要三关闭路、跌劲一道、他用勾拨脚、逼手必进、带吐仰跌、若他用火炮手、总要上半步发右手、凡进彪手、断肘、让肘、破肘、切宜用单彪、总用半步逼手、此用劲一道放彪手势、总用喂手清楚、讲究明白、然放彪手、不要亏心、发手犹如火炮、总要快接为妙、所以彪手最要劲到、方可为彪手也、

五法诀

△身法、眼法、手法、步法、劲法、名为五法全、身为主、眼为先、反客为主、彪手有五关、一关手梢、二关手指、三关手背、四关手腕、五关手肘、

皆跌人者、一二三关也、莫待进五关、此名为半路接担、他进着上半步、看他肩膀进身、进右止右、进左止左、平门而进、此用斗劲、凡起脚起、吞吐分斗、他右手勾吃、落为撄、左手勾吃落为夺、撄带斗、夺带揽、吸带斗、揽带失、贴带失、撄带失、夺带失、吃带失、吸带失、断肘推、裡带斗、凡有把手步、抬带失、浮抢上、沉抢下、此有上中下三盆、左右中三门、凡放椿者、要指左右中三门路、宜后放椿者、不悮自身、只许卄、进也、不许卄、退也、又有援者用托、夺者用抛、贴劲甲路用挽、推、溜劲用抛托、左右手、肩尖进了身、宜用逼擊手、身法进者、宜擦搽、阳手放、阴手擦、又有翻擒、宜左手搭右手跌人、恐有偷脚者、即止咽喉之穴、仰跌断、进四五关左右落下盘、蒂逼又蒂失、宜当摆动后脚、总用身法对人之心、不宜拔脚、出去、用前脚之力、吞后脚之劲、莫待、生根半步、宜出后脚之力、凡有进步、放手不宜慌忙、宜要对路、仰跌清楚、以快为先、右手迎左手、或放右手、不宜淌手、满手也、援无跌劲、放半手也、取跌劲也、

又练彪手劲法

跌劲为先、摆劲、援劲、夺劲、提劲、扭劲、只用千斤棍、练成援夺手、兼五法乘、又浮空棹上练、

使有带铅摆练尽三关，式十四斤，又有炆铅
药性，生川乌，生草乌，生乳香，生没药，生南星，
生半夏，川山甲，前瓜，合铅煮过，带手手上，
劲法不误，贴劲和肉分经，彪手椿步，前脚直
探，后脚横迎，手从胸前出，闭井，随肩眼看
於肩法眉尖对人国心，总必见手一支枪，此乃
顺势跌人，不宜力放，彪手练成，有滑仇之力，
早晚向日练，夜裏向灯练，必修行学道一

般、辑辑早晨日日夜裏练成揽摧援夺劲力、方可成功、倘着不练、不可得也、凡彪手发手宜软、两手宜硬、只许上半步不宜赶他、他又力大、不可用援夺、见手发手、对人之心、他往上救、即落下、盗他往下救、即~~此~~擒咽喉、对擒锁闭路、彼起高樁、中盗跌人快接、着坐马中樁、上盗跌人快接、又力小、用援夺吸劲他着力大非、不宜柔劲、动手方见功、彼用吸劲、跟手而进，此名顺势跌人，练成如钢者，必然快也。

八法手势

后脚畧湾，前脚畧鬆，双眼紧紧窥其胸，手出切莫肩着力，轻粘随手西与东。又云此手精奇不用劲力，弱人文士皆可学习，总究其理，八法手势，按上中下左右进取，步由子午，后曲前直，手中八字，各随所宜，又云挽擢援夺牵捺，逼吸抛托，拌杀，随手顺取，逼捺随转、借彼气力、手到其身、粘贴莫离、任彼千变万化、我心归一、彼来虽猛、以撩分敌、以柔制刚、以疾克迟、任彼腾挪、彼劳我逸、随向进步、何劳用力、拗演习练、护身自益其中妙用、潇洒脱离、又云、八门紧柔、出手紧直、子午进向、看势分晰、上中宜紧、下部宜直、勿轻發势彬、吞吐便取、逼吸存心、时刻莫移、他来虽猛、双手紧直、力来千斤、以撩分敌、来有

踪迹（影）去无形搬，不害吾身，何妨两释，字字循
环，一能克一，你我俱成，尚观虚实，彼来七
识，我来七实，若变吾援，莫谓不奇，奸匪不
教，切记不宜，记之记之。正手搀摧，紧（紧）劲宜逼，
捺有三分，借彼气力，抛托扦杀，随手顺取，化
牵吸援，夺下所宜，紧疾能克，来势虽猛，吞
吐粘贴。又云：双手软取，步闪移，详子午方向全图后
又云：搀挨滚，摧长洒，援要短，夺要紧，牵要顺，捺

要按、逼要阻、吸要急、

終、

岳家打诀校释

岳家打诀

李申桂抄

岳家打诀目录

序

盖闻文、武二字，皆世人动静之要事，岂可不习乎？何则？彼如〔一〕朝廷之文，为官、为宦，为丞、拜相；彼如国家之武，封王、封督、封帅、封侯。虽然文武可得，亦由命理所载。彼如乡党之文，书简、契字、合约、文词，提笔无所不晓，无所不通，于是孰不钦仰，孰不夸奖？彼如邻里之武，手步精通，劲法刚宏，拿起无所不至，无所不知，谁不称赞，谁不遵传？又曰：难矣！彼如豪富之家，弃文而懒习，弃武而懒专；贫穷之家，学文而半途，学武而废习；困郁无聊之室，想文不能诵，想武不能操，讵〔二〕不两难哉？

又云：心坚天下无难事，勤学百艺好防身。盖学打之人，专练习手法、脚步、周身之劲以打人，非也，不过学打以养性，以防身。虽是防身之际（技）〔三〕，告学者各慎其心，奸匪莫教，懦弱可传。进场以观其色，出场以听其音。取财要以功取，不可自作聪明，生手以盆（盘）人钱〔四〕也。

凡学打之人，敬师如敬亲。要精练功成，早要练习劲步，晚要操演手功。凡与人比手，休得容情。

〔一〕彼如，似为『比如』或『譬如』的谐音词。后同。

〔二〕讵，副词，『难道』『岂』之意。

〔三〕际，据文义，应为『技』字之误。

〔四〕盆，据文义与汉语方言大词典（全五卷），疑为『盘』字之误。（许宝华、宫田一郎主编汉语方言大词典（全五卷），第五五九八页。）盘人钱，疑为『计算、盘剥别人钱』之意，而下文的『盆手』『下盆』，或为『盘手』和『下盘』之误。

如若容情，损了自身，坏了自名，谓之懦夫。若与师盆（盘）手，不可因心。恐有年迈之师，血弱而劲松，切不可有伤师之情，学者记之，记之！虽然文武如此，为人何可不习乎？

三门五法共为八法势序

岳武穆王演八法势行于世人，其中妙用，益人身心甚大。然必文人弱士，方为秘授。奸顽凶匪，弗许轻传。非吝术也，盖人有君子、小人之分，传有邪正、吉凶之异。传之君子，只以护身防险；传之小人，如虎添翼，其害人不浅。

昔者公常言曰：入吾门者，皆俊秀之英，以艺为贵，不以艺为能。而以量为能者，此人吾所钦也。彼徒恃其猛勇之气，不明技术之妙，一经争斗，动辄倾跌，此人不但不能胜人也，吾恐其有危命之患焉。夫君子之学，贵于自反，而横逆之加，亦所时有，则心平者气自和。吾知以逸待劳，逆来顺取，偏来正应（应）[一]，乘之以虚，推之以即，来有踪形，去无形迹，其中妙用，巧夺天机。

立步出手

后膝略湾（弯）[二]前膝松，不丁不八不阔分。进步熟练立桩稳，双眼紧紧窥其胸。

［一］应，据文义，应为『应』字之误。
［二］湾，据文义，当作『弯』字。后同。

举手出搀休怕怯，手既粘身步亦从。手既粘身须半劲，动则急推可抡功。
出手最嫌肩用力，轻粘随手任西东。身法端正莫勉强，规模二字要精融。
四肢筋劲俱沉紧，手出步履两相需。捷足当先无畏惧，濡滞行来难成功。
立定脚跟为准则，上下左右关顾宜。任彼躲闪随手变，虚中寻实在心机。
欲其去之能得力，全在小掌一点奇。逼搀仝（同）〔一〕出无过顺，手中得诀舒畅随。
搀中变扦随手发，扦中变搀转换之。余工妙用爰文士，须识潇洒与脱离。

八法注释【三门五法共为八法势】

手随腿边起。【肩往下沉，手劲轻起，对胸出手，他变我跟】
侧身步轻移。【侧身出步，轻如猫行，不可踏实，实难变移】
藏势湾（弯）左膝。【左膝略湾（弯），身实在左，右边手足，活变自然】
残软近沾渠。【大凡出手，须轻如棉，任彼凶恶，轻按而粘】
一粘急推吐。【方才粘着，疾吐如风，似箭离弦，方为妙用】
消肩不可迟。【粘处起推，消肩直腕，盖身相近，切莫迟延】
内来援回救。【他取我内，回手救之，随变即跟，方向自然】

〔一〕仝，据文义，当作『同』字。后同。

外进夺相随。【取我外关，回势即夺，手足仝（同）进，分势〔一〕步前】

顺势牵如带。【来势猛勇，尽力向前，顺供其力，随向可牵】

擒拦捺真推。【擒于我手，拦砍拨开，轻轻按捺，紧直推裁】

逼彼猛勇势。【将起凶势，粘逼向前，滞死其力，阻其活变】

吞吸力最奇。【披拦截砍，欲断我手，将靠即吸，毫忽不疼】

十八法注释

太极

一身犹太极，两足立根基。阔窄因长短，如山不可移。

阴阳

身躯三转折，上下分阴阳。动静观前后，砥柱铁石桩。

子午

如何是子午，头面对针锋。两肩并两膝，上下总相仝（同）。

〔一〕在原谱中，『分势』二字有被划掉的痕迹，旁有小字注释，疑似『力推』二字。类似这种情况在原谱中出现多次，改动合理、清晰的，在校释中会直接使用，反之，则用原字。后同。

浮沉

浮如云出岫，沉似石投江。左右常观顾，坐腿把阴藏。

吞吐

吞身如鹤宿，出手若蛇奔。鼓撞随风入，轻重左右分。

圆滚

出手刚柔济，摇铃肘脉圆。粘衣如滚浪，贴肉似生根。

寻推

寻风挨手进，筋脉要流通。直硬将柔制，推塞必须防。

抖落

抖擎如举旗，托搭亦皆然。敌势将身闪，落掌看中偏。

进退

欲知进与退，退败进胜多。进可追三步，退一不能移。

封闭

门户牢关锁，双锋对势冲。机针将动外，发手若春雷。

粘靠

出手防牵掣，翻腾切莫迟。粘身即肘落，靠膝在挪移。

扦煞

扦煞势如枪，抛托即要防。挨身牢留步，吸靠莫离桩。

扑搭

扑搭势如虎，迎风直入膛。双分似剖腹，扑搭要松桩。

拨撒

拨撒看偏正，门开任意行。上中下三部，手到定分明。

援引

敌势偏锋进，援开左右防。引来须串出，切莫自松桩。

抛托

此法两家仝（同），坐桩不可松。最嫌肩着力，扭搭翻成功。

抬拦【一名吐箭】

敌手如枪入，左遮右抬拦。跟踪防偏手，反手照面还。

擒拿

擒拿须认穴，攥骨即酸麻。其中真妙诀，等闲莫教他。

十五空练法

一空练

必沉肩，磨出肩力。出手略曲，推时即直，出手自长，切莫随意而往之。

二空练

须想其对心打来，我即让其拳。他变，我即跟逼进步，对向而推之。

三空练

须想像有人立吾面前一般，举手相近，才粘其身，势带吸逼，周身和软，两手如箭上弦，推时即紧直，四势仝（同）发，似挂帆之船走一般。

四空练

要想起，内来用援法，外来用夺法，粘而分推之。

五空练

要想上、中、下三部，高低进取，勿作无风无形之形。

六空练

要想方向，或左或右，或横或直，随向进步而取之。

七空练

脚宜直，脚尖不可湾（弯）。膝莫提高，防人牵之。

八空练

想我推时，彼随时其变而取之。

九空练

想他拦开我手，或拨或抬，捺定虚实，对向而推之。

十空练

须想彼来如虎，我既逼其凶势，轻而粘之。

十一空练

如吾举手出去，要想其外，左单擒，右单擒，双手擒，分法而取之。

十二空练

要想其内，左单擒，右单擒，双手擒，各分法而取之。〔一〕

十三空练

须想上下周身，人不可粘，粘即对面而推之。

〔一〕原谱中『十二空练』的内容在『十五空练』之后，校释时按照顺序予以调整。

十四空练

想他尽力随身打来，借他凶势，顺而牵之。

十五空练

要想身势，手足疾快如风，身轻脚便，无有阻滞方妙。

子午方向全图

又法诀

双手软起步仝（同）移，左顾胸膛右对脐。手未粘身休用力，搀摧疾吐切莫迟。

内外两门上中下，跟随彼身莫放离。外来上面伤耳项，左手横挑右攻脐。

腰胁之外彼来攻，落身进步对胸冲。彼来擒拿双单手，取其手胫自然松。

披拦截砍手略归，相争手足一仝（同）追。我手或然被砍落，本手复发急相推。

捞足擒腿彼势凶，落身进步对胸冲。下地落膝捞擒者，双手抛托去无踪。

内伤面目又急回，反手吐出任掌推。左手往下捺亦可，本手复发急相推。

彼我同门也抡胸，双手横推可抡功。若还发手不多远，反手补发疾如风。

披拦截砍双单擒，照外用法好施行。捞足擒腿皆仝（同）样，须要解手取内门。

一十八手同练就，何时取用随所宜。

先师刘寰池秘诀，后传杨爱庭，后传舒必亮，至于吴先攀、鲁得青、吕致和。

又法诀

势狐疑为害，韬略定必赢。一要健，二要练，三要打人心不善。起手要重，落手莫轻。手似眼，脚似睛。进步要紧，退步略松。紧不离分毫，松不离数寸。身怕歪，腰怕湾（弯）。膝怕起，肘怕露。膝起被人跌，肘露被人擒。身歪步不稳，腰湾（弯）劲必松，凡以快接为妙也。

立步诀法

立步须如泰山，两足爬地，势劲立猛。身如盘石立壁，使敌人不能摇动。脚步则丁不丁，八不八。最宜坐胯，诀法不要愁，只怕歪脚坐胯矮一头。又云：身不离坐胯，最怕露肘湾（弯）腰。若身歪脚吊，虽有神力，亦无恃也，其中皆有至理存焉。诀云：举手如对垒，不彼不此。若与人动手，不可苟且。心要定，以胆为先，宁可伤情，不可顺情。如顺情者，损了自身，坏了自名，谓之懦夫，慎之，慎之！以快捷为妙，以肩庄（桩）[一]为主。手从怀中而出，不可打松，松打动手要用通身之力也。

进步诀法

进步越紧越跌人，退步要松莫仃（停）[二]留。我用擒拿兼推里，勾拨相连护自身。诀云：见空不进，如瞎眼人行路。若依口诀，有打有跌；不依口诀，随手丢别。起手要有紧路，进打要有步路。无路被人打，无步彼人跌。越进越紧，要上封下闭。进一步，跌一丈，路先到为赢也。又行家与我顽耍，手不离坐吼[三]，足不离坐胯。手法脚步，以左右肩庄（桩）为主。又云：脚步无乱进，进则必跌；

〔一〕庄，据文义，应为『桩』字之误。后同。
〔二〕仃，据文义，应为『停』字之误。
〔三〕吼，字义不明，似为地方语谐音。

手法无妄动，动则必打。足步手法，决不可轻举。身法吞松，取虚必卧〔一〕。

肘子诀法

殀央（鸳鸯）〔二〕肘，硬似铁，专打气和血。切莫打当心，恐人气不接。凡肘子之法，当打人左右两旁，切不可打人心窝。诀云：等打赶打。赶打者，宜用慎心拳；等打者，要用掩心拳。等打，脚步要稳；赶打，脚步要松。等打步法松者，不能敌人也。又云：封闭宜煞，推里宜紧。封闭不煞，不得诀法；推里不紧，误了自身。又云：举手如风过，使敌不可挡。起手如放炮，使敌不及防。手不离七孔也，后手要护前面之手，以防敌人迎风铁扇掌也。然护前面之手，不可露肘，若露肘，被人擒，万难救矣。

肩尖诀法

肩尖要对脚尖，进一步，跌一边。用此势，封手闭脚，步不离坐胯。诀云：肩庄（桩）进一步，可剿蛮汉路。学打要学蛮，蛮到其间果是难。若问依得真口诀，纵是蛮者也无难。又云：被他人打入我中门，肩尖封闭对人心，侧门要靠人之乳，使人肩尖不能入侧门。肩庄（桩）进步，无不合理。举手莫等打，等打必有假。必要心宏胆壮，先到为赢也。又云：作打无师，终身有误。学打练精通，动

〔一〕卧，字义不明，似为『仆』字的俗写，待考。后同。

〔二〕殀央，据文义，应为『鸳鸯』之误。

手方见功。进打无主意，神效也是空。学打投明师，讲真口诀，方可投教家，教得明心缩不赢。人家来得忙，塞肘紧提防。奸匪不可教，切记不宜忘。记之，记之！

彪手十二字诀

『搀摧、援夺、抛托、扦杀、吞吐、浮沉』，练彪手十二字。练出五关、五劲、五法手，方可效也。打彪出手，不宜肩着力。左雇（顾）[一]胸膛右出彪，十打九无枭。先提腰劲，后出彪。凡出手，先要坐定后脚之劲。后脚曲曲，前脚探探，好似月里偷桃，两手仝（同）行上半步。凡彪手、仲手带彪劲击进者，提动右肩，摆动左脚，出手火炮连天，转手蟒蛇盆龟，右手头关指右肩。他左边发手，即要三关闭路，跌劲一道。他用勾拨脚，逼手如进，带吐仰跌。若他用火炮手，总要上半步发右手。凡进彪手，断肘、让肘、破肘，切宜用单彪，总用半步逼手，此用劲一道。放彪手者，总用喂手清楚，讲究明白。然放彪手，不要亏心，发手犹如火炮，总要快接为妙。所以彪手，最要劲到，方可为彪手也。

五法诀

身法、眼法、手法、步法、劲法，名为『五法仝（同）出』。身为主，眼为先，反客为主。彪手有五关：

[一] 雇，据文义，当作『顾』字。

一关手稍（梢）〔一〕，二关手指，三关手背，四关手胫，五关手肘。昏跌人者，一、二、三关也，莫待进五关，此名为『半路接担』。他进着上半步，看他肩膀进身，进右止右，进左止左，平门而进，此用出劲。

凡起脚者，吞吐仝(同)出。他右手勾吃落为援，左手勾吃落为夺。援带出，夺带搀；吸带出，搀带尖；贴带尖，夺带吸；吃带失，吸带失；断带推，里带出。

凡有把手者，抬带失，浮抡上，沉抡下。此有上下中三盆（盘），左右中三门。

凡放桩者，要指左右中三门路。宜后放桩者，不误自身。只许其进也，不许其退也。又有援者用托，夺者用抛。贴劲用搀摧，浮劲用抛托。左右手，肩尖进了身，宜用逼击手。身法进者，宜擦煞。阳手放，阴手擦。又有翻擒，宜左手搭右手跌人。恐有偷脚者，即止咽喉之穴，仰跌断，进四五关。左右落下盘，带逼又带尖，宜当摆动后脚，总用身法对人之心，不宜后脚。出去用前脚之力，吞后脚之劲，莫待生根半步，宜出后脚之力。凡有进步，放手不宜慌忙，宜要对路，仰跌清楚，以快为先。右手迎左手，或放右手，不宜满手。满手者，援无跌劲、尖劲，放半手者，取尖劲也。

〔一〕稍，据文义，当作『梢』字。

又练彪手劲法

跌劲为先，摆劲、援劲、夺劲、提劲、扭劲。只用千斤棍，练成援夺手，兼搭五法步。

又浮空棹〔一〕上练，便有带铅摆，练尽三关〔二〕、二十四斤。又有炆〔三〕铅药性。生川乌〔四〕、生草乌〔五〕、生乳香〔六〕、生没药〔七〕、生南星〔八〕、生半夏〔九〕、川（穿）山甲〔一〇〕、前瓜〔一一〕，合铅煮过，带于手上。〔一二〕

劲法不误，贴劲扣肉分经。彪手桩步，前脚直探，后脚横迎。手从胸前出，肩尖对人心，总如见

〔一〕棹，指桨。

〔二〕三关，据文义，或指人体手臂的三节。所谓『三节』者，即根节、中节与梢节。

〔三〕炆，指用微火焖。

〔四〕川乌，中药名，具有祛风除湿、温经、散寒止痛的功效。

〔五〕草乌，中药名，具有祛风除湿、温经散寒、消肿止痛的功效。

〔六〕乳香，中药名，具有活血、行气、止痛的功效。

〔七〕没药，中药名，具有祛瘀、消肿定痛的功效。

〔八〕南星，中药名，具有祛风止痉、化痰散结的功效。

〔九〕半夏，中药名，具有燥湿化痰、降逆止呕、消痞散结的功效。

〔一〇〕川，据文义，当作『穿』字。穿山甲，中药名，具有活血通经、下乳、消痈的功效。

〔一一〕前瓜，据文义，疑为中药名，待考。

〔一二〕这部分内容似涉及中医学及伤科药方，具体运用须参考医疗或运动损伤专业图书，校释仅对古籍原文进行整理，不涉及专业知识。

手一支枪。此乃顺势跌人，不宜力放。彪手练成，有滑化之力。

早晚向日练，夜里向灯练，如修行学道一般。朝朝早晨，日日夜里，练成搀摧援夺劲力，方可成功。倘若不练，不可得也。

凡彪手，发手宜软，出手宜硬。只许上半步，不宜赶他。他又力大，不可用援夺。见手发手，对人之心。他往上救，即落下盆（盘）。他往下救，即指咽喉。对擒拿闭路，彼起高桩，中盆（盘）跌人快接。若坐马中桩，上盆（盘）跌人快接。又力小，用援夺吸劲。他若力大卟，不宜柔劲，动手方见功。彼用吸劲，跟手而进，此名『顺势跌人』。练成如钢者，必然快也。

八法手势

后脚略湾（弯）前脚松，双眼紧紧窥其胸。
手出切莫肩着力，轻粘随手西与东。

又云：

此手精奇，不用劲力。弱人文士，皆可学习。
总究其理，八法手势。按上中下，左右进取。
步由子午，后曲前直。手中八字，各随所宜。

又云：

挽摧援夺，牵捺逼吸。抛托扦杀，随手顺取。逼捺随转，供彼气力。手到其身，粘贴莫离。任彼千变万化，我心归一。彼来虽猛，以撩分敌。以柔制刚，以疾克迟。任彼腾挪，彼劳我逸。随向进步，何劳用力。勤演习练，护身自益。其中妙用，潇洒脱离。

又云：

八门紧手，出手紧直。子午进向，看势分晰。上中宜紧，下部宜直。勿轻势形，吞吐便取。逼吸存心，时刻莫移。他来虽满，双手紧直。力来千斤，以撩分敌。来有踪影，去无形迹。不害吾身，何妨两释。字字循环，一能克一。你我俱成，尚观虚实。彼来七满〔一〕，我来七实。若变吾援，莫谓不奇。奸匪不教，切记不宜。

〔一〕满，即亏、虚，前人有『盈满则亏』之说。

记之，记之！

出手搀摧，紧劲宜逼。捺有三分，供彼气力。

抛托扦杀，随手顺取。化牵吸援，夺下所宜。

紧疾能克，来者虽猛，吞吐粘贴。

又云：

双手软取步冈移。【详子午方向全图后】

又云：

搀[illegible]〔一〕洒，摧长洒。援要短，夺要紧，

牵要顺，捺要按，逼要阻，吸要急。

终

〔一〕[illegible]，此字难以识别，待考。